U0458418

# 论

## ON TECHNOLOGY TRANSFER
# 技术转移

夏东平 ｜ 著

上海三联书店

# 目录

# 自　序

"我的所有研究都与实践有关。解决实践中的问题，换来一个清醒的、客观的头脑，这才是我研究的最终目的"，现任中国书法家协会第八届主席孙晓云（引自其《书法有法》序）这里所说的虽然是书法研究，但同样也说出了我研究技术转移及科技成果转化的初衷。

中国的技术市场是个很难看懂、看清、看透的市场。一般的商品市场的交易，都要求卖方信息公开、透明，如消费市场的衣服、箱包等；要素市场的楼盘、股票等商品，都必须标明规格、数量等，而在技术市场里，技术交易则是信息不对称交易。一般商品的价值都是由社会必要劳动时间决定的，而技术都是首创或独创的，其无法以社会必要劳动时间决定价格，那么交易价格怎么定？一般要素市场的交易都是按照有关法律法规要求，在特定的交易场所进行交易，如土地、钢材、股票等，但技术市场里则是无时不在交易技术，到处都可交易技术，这种现象怎么理解？诸如此类问题还有不少，尽管业界人士对技术市场范畴下的技术转移和科技成果转化阐述了不少，但总体看，仍是深入研究欠缺，同时在实际工作中，已经呈现出一些由于部门、地区或机构常随人员变更而使工作由勃发到衰落反复出现周期性，令人唏嘘。

出此论文集，就是要把 15 年来，在看到技术转移的很多特点后所思所究形成的一些判断、设想，甚至是定义、结论告知后来接棒者。需要慎重提醒接棒者的是，在很多方面，技术市场遵循的是与一般商品市场一般交易规则完全不同的反规则，这就需要了解这个市场的底层逻辑。希望后来者在进行技术转移实践和理论创新的时候，也应记住，"当提出任何一个肯定和否定的论点时，首先，必然是基于对原来事物的全面了解"（同上书 P178）。

2007 年我所在的上海技术交易所在全国率先尝试学习、借鉴、实践欧洲技术转移模式——创新驿站（IRC，后改名为 EEN），随后由科技部火炬高技术产业开发中心推及全国开展中国创新驿站建设试点。本书最后三篇披露了这个上海、中国创新驿站建设试点的起因，以及从本人的一隅之地对此工作的反思。尽管该试点最后偃旗息鼓了，但放眼当今，"以需求为导向开展技术转移"的理念和方法已经开枝散叶，深入人心，而彼时的挫折恰恰是当今坚实向上攀登所需的一块台阶。

我于 2021 年 12 月担任湖北技术交易所组织的

论技术转移

首届"长江中游城市群技术经纪人大赛"评委后，住在武汉东湖宾馆，面对满眼秋色写了一首七律，头尾四句是"松枯倔强挥余力，荷败顽强举旧黄。漫笑年轮风逝去，消弭未至尽红妆"。我做了一件希望能使后来者尽量少走弯路的事，也希望能为文明的浩瀚汪洋中注入一滴水，此生足矣。

夏东平（原上海技术交易所总裁）

2023 年 10 月 18 日于上海家中

# 只有认识技术市场才能发展技术市场

2012年9月中共中央、国务院印发的《关于深化科技体制改革加快国家创新体系建设的意见》提出，要"推动创新体系协调发展"，其中重要工作是"培育、支持和引导科技中介服务机构向服务专业化、功能社会化、组织网络化、运行规范化方向发展，——推进检验检测机构市场化服务，完善技术交易市场体系，加快发展科技服务业"。围绕实施创新驱动发展战略，推进技术市场发展，首先要了解什么是技术市场，什么是技术转移，技术转移有哪些规律，否则将会抓手不明，着力不准，成效难见。

论技术转移

# 一、目前对推进技术市场发展存在不少认识误区

科技部今年2月发布《技术市场"十二五"发展规划》后，出现了冷热不均的反应，一些地方频显建立技术交易所的冲动，在这些现象的背后，凸显出对技术市场存在很多误解。

## 1. 把技术市场、技术交易与证券市场、股票交易进行类比。

很多人用证券市场、房产市场来比对技术市场，认为某地的技术市场就是某地的技术进行集中交易的场所，只要建立技术交易所，就可以使技术集中进行柜台交易，从而促进科技和经济的结合，促进企业技术创新和地区经济发展。但是事实

告诉我们，现实和愿望完全不同，结果会令人很失望。

## 2. 重"成果转化"轻"技术转移"。

我国多年来都是强调"成果转化"，这是源于在计划经济体制下，科研部门和生产部门完全割裂，政府投入大量资金给科研部门，形成科研成果后，必然要求促进成果转化，对此，全国科技管理干部培训阅读丛书《科技创新管理》(P129、P130) 一书指出：科技成果转化"是我国的特色概念"，这个概念"是结合我国市场化程序以及科技与经济各成体系的运行特点而提出的"。现在再次强调科技与经济结合，就是要改变这种体制原生性缺陷，而技术转移可以在很大程度上弥补这个缺陷，但技术转移恰恰还未被很多人认识。

### 3. 认为建立网上技术市场可活跃技术交易。

一段时间来我国一些科技服务机构，也在将电子商务方法运用到技术交易上，建立了一些网上技术市场，这是把技术这种特殊商品的交易与一般货物商品交易简单地相提并论。技术这一商品的无形性、复杂性使得一般人看不懂、看不清、看不准，不可能像货物商品那样在网上成交，事实已证明这一点。

### 4. 希望通过举办大型技术交易会形成大量技术交易。

现在一些地方纷纷举办各种名义的大型技术交易会，除了当地政府要造声势扩影响外，还认为把技术集中在一起展示，就会形成很多交易，因此，即使需要很大投入，也在所不惜。这仍然是货物贸易思维定势的惯性驱动，仍然是把技术交易和货物交易这两种不同类型的交易混为一谈，其结果都是在成交量上大量注水。技术交易大会只能是对技术的展示、宣传和推介，可产生交易意向，但要形成交易，"功夫还在青山外"。

## 二、误区来源于对客观规律的认识缺失

唯物辩证法告诉我们，规律是客观存在的，人们只能认识、靠近规律，而不能改变规律，人的认识和行为违背客观规律就会受到惩罚。上述认识误区的存在，原因就是不了解技术市场的基本规律，其结果是白白投入了大量资金。要发展技术市场，首先要了解、把握以下一些最基本的问题。

## 1. 技术转移及其实施必要性。

"技术转移"一词是 1964 年第一届联合国贸易发展会议上最早提出的(《技术转移联盟导论》P9)。"联合国曾将其定义为系统知识的转移,是从产生知识的地方转移到使用知识的地方。一般来说,技术转移是指技术在国家、地区、行业内部或之间已经在自身系统内输出与输入的活动过程,包括技术成果、信息、能力的转让、移植、引进、交流和推广普及。"(《科技创新管理》P138)

技术转移与技术交易既有联系,也有区别,其本质都是系统知识的转移,而技术交易是商业化的技术转移,是技术转移达成结果的表现形式。一些技术的转移是没有经济标的,有的即使促成对接,但由政府买单的,都属于技术转移,但不是技术交易。

目前技术转移是国际上公认的提法。我国传统提到的"成果转化"只是技术转移内容之一。根据多年的实践，我认为技术转移从转移方向上进行分类，包括三个组成部分：

技术转移 ⎰ 科技成果转化（供给导向技术转移）<br>⎱ 创新需求解决（需求导向技术转移）<br>⎱ 国际技术转移（跨国跨境技术转移）

当前"成果转化"仍然是技术转移的重要内容，但因其只反映了一个方向的技术转移，未包括需求导向和跨国跨境两个方向的技术转移而呈现出片面性。在中国技术市场发展近三十年的今天，还是只提"成果转化"，就已陷入片面认识之中，用其指导实际工作，就会以偏概全。

技术转移对促进企业创新发展具有重要作用。"企业技术进步的途径主要依靠自行研发和技术转移两方面。自行研发除了需要大量的研发经费，长期的知识积累外，还需要一个漫长的研发时间，并且由于研发本身的不确定性，将带来巨大的风险。反之，如果采用技术转移，则成本低、速度快、风险小。因此，很多企业十分重视技术转移。即使是一些有较强研发实力的大公司，除了开展自行研发，还会积极采用技术转移的方式来提高竞争优势。"（《科技管理》第 7 章"技术转移"）目前我国企业对技术转移的运用能力较弱，亟需在政府的指导和推动下，发挥技术转移机构作用，大力实施技术转移，帮助企业提高技术创新能力。

**2. 把握技术转移和技术交易的基本规律。**

从理论和实践结合看，技术转移和交易具有以下特点：

1）技术交易具有隐蔽性。一是交易内容隐蔽。转移和交易什么技术，一般只有供方和受方知道，最多再加一个中介方。受方不希望同行知道，以防节外生枝。二是交易方式隐蔽。是合作开发，还是技术入股，还是技术转让，或是专利许可等，在交易结束前，都不会公之于众。三是交易过程隐蔽。交易过程就是谈判过程，往往曲折坎坷，失败的可能性较大，因而也不会向外泄露。

2）交易的双边垄断性和相互渗透性。技术转移过程中，供方一般不向潜在的买主提供技术的详细资料，买主通常在没有完整的市场信息的情况下签署合同。而一项技术需求通常只有少数几家或一家买主，这为买方在技术谈判中又提供了较强的谈判地位。一般来说，卖方总是希望增加转让次数以增加经济收入，而买方则希望尽量缩小技术转让范围，以保持其产品的市场占有率和利润率。一般货物交易过程在短时间内便告结束，而技术交易中，买方为尽快掌握技术，还需要卖方提供技术咨询、技术培训和技术服务。而卖方还需要根据买方实际，进行一些补充研究和实验，为对方提供技术保证。技术交易后双方仍然会有千丝万缕的联系。

3）技术交易过程的复杂性。一是技术适配困难。单纯的技术转让，供方和需方往往难以适销对路。通常是企业认为供方的科技成果不成熟、不适用，而企业要的成熟技术供方又没有。即使有，由于技术成果的保密性，交易中技术所有者不可能详细地向卖方介绍技术的全部或关键性细节，导致难以判断是否适用。二是对价十分艰难。一般说，创新的技术具有唯一性，而技术作为一种特殊的商品，因其独有性，其价值量不能用社会必要劳动时间来衡量。价值难以认定，价格就更难确定。三是知识产权等因素影响大。在合作开发、委托开发等交易中，企业和研发机构对知识产权归属多有争议，往往成为交易失败的原因。四是交易成效难以预料。技术开发是一个探索未知的过程，科技成果商品化过程同样也面临许多不确定性，有否适时、适量的资金保障，运用新技术制造的新产品是否有市场？这在技术转移和技术交易过程中都难以预料。这种不确定性也会影响双方作出交易决定。其他如研发条件、研发时间、付款方式等因素都会影响交易成败。

4）技术交易过程的长期性。我所对所促成交易的技术项目进行过统计，平均每个本市项目促成交易需要 103 天（3 个月）；对接时间最长的为 245 天（8 个月）；为兄弟省市促成的技术交易，则需 1 年以上；完成国际技术交易项目，最长的耗时 4 年。技术转移和技术交易确是一项很艰难的工作，需要极大的耐心和毅力。

5）技术交易过程的协同性。

当今中国有时不缺技术，缺的是技术的集成机制。高校、研究所的科研成果，只是"创新零件"，而企业最需要的，是如何将这些"创新零件"组合、集成起来。作为技术转移的中介服务，参与这一协同创新的过程中，不仅起着牵线搭桥的纽带作用，而且能起到协调、组织、黏合、反馈、集成等一系列作用，成为资源配置、协同创新的"科技集成商"。缺少了技术转移机构提供科技中介服务，买卖双方自己也能交易，但在面临交易方式、购买价格、知识产权、研发条件、付款方式等一系列问题时，遇有任何一个分歧，又没有科技中介作为第三方协调，交易都难形成。

因为这些特点的存在，上述希望像证券交易所那样建一个技术交易所，或者在网上组织供需双方洽谈，开展技术交易，或是通过举办一个大型技术交易会就可以促成许多技术成交的想法和做法，都因与客观规律相违背而难以取得成效。

### 3. 技术交易难，源于"技术"这一商品的独特性。

论述了技术转移和交易复杂艰难的特性后，如果再深问一句"为什么会这么难呢？"就需要进一步分析交易对象——"技术"的特点。

作为特殊的商品，"技术是由人类在利用自然、改造自然和解决社会问题中所运用的知识、经验、手段和方法以及生产工具、生产工艺过程的总称"（《技术转移联盟导论》P3）。它有三个基本特点：

1）技术具有无形性。最初的发明创造通常都是以论文、课题报告、专利申请、技术方案等形式出现，具体是什么，往往看不见摸不着，这和房子、股票完全不同。国外有专家把技术分为"产品技术"和"过程技术"。前者指已经物化到产品中的技术，如汽车、电脑、航天器等，这些是有形的，通常我们把"产品技术"的交易归入货物交易中。而现在我们所说的技术交易，交易的大都是"过程技术"，是指为生产新产品而应用的技术，从上述"技术"的定义可看出，它是无形的。如我所曾促成购买"高蓄能密度高换热性能的相变蓄放热单元"技术的交易，企业购买这一技术，是为了要生产出高效、易用的家用热水器，热水器才是最终产品。在未生产出热水器之前，它只是个科研成果，一般大众对这个技术肯定看不懂。

2）技术的复杂性。一是范围广，类别多。如制造、IT、生物医药、通讯……每一个类别又可再细分，如生物医药可分为：化药、中药、医疗器械，这些还可再细分下去，而且每一大类都可以进行若干层级的细分，可以说没有一个专家能够通晓所有的技术，更不用说一般的经营者了。二是互相关联。任何一项技术都不是孤立的，必然会在不同程度上同其他支持性技术和关联性技术形成某种联系。一架飞机、一艘轮船都是各种技术的集成应用。三是技术的内隐性。一项技术必然存在或多或少高度的专业化和个性化、是种不易用文字描述的知识。

3）技术的不确定性。一是其具有独特性和变异性。一般说某个新技术都是唯一的，但每一种技术都会不断创新变化，无法加以标准化。这一点与一般产品以及房产、证券完全不同。二是其具有不完善性。在实验室里形成的新技术，有各种数据的支撑，能够达到预期的效果，可以通过验收或评审。但往往放大至中试、工程化试验中，又会出现各种问题，甚至难以进行产业化。

技术的无形性、复杂性和不确定性的存在，使它以完全不同于有形的、直观的、固化的各种货物产品的形态存在，这种"技术"产品形态的特殊性，决定了技术交易有着与货物交易完全不同的特性。在技术交易范畴里，简单的类比、套用货物交易的做法，违背客观规律，必然受罚。

## 三、技术市场运行的特殊性也是导致误解的因素

由于上述基本规律制约，我国技术市场的运行也是一套独特的做法，与房产、证券等市场运行完全不同，甚至会出现令人困惑不解、误入认识歧途的现象，我把它称之为技术市场的反规则。

### 1. 技术市场无"市场"。

所谓的市场，是指商品买卖的场所。目前我国有北方技术市场、中国技术交易所、上海技术交易所等等。但是我国的技术交易量不是从各地技术交易所的交易量汇总统计出来的，而是由各省市技术

市场办统计本地各技术合同认定登记点登记的数量得出技术交易量，如上海的技术交易量是汇总全市31个合同登记点的登记量。由此可见：

第一，现在的技术市场只是政策效应的表达方式。各种技术合同之所以前来认定登记，是因为目前能够获得优惠政策支持，即技术开发合同可减免5%的营业税，技术转让合同可减免5%的营业税和全部所得税。2000年2月16日国科发政字〔2000〕063号颁发的《技术合同认定登记管理办法》第六条规定："未申请认定登记和未予登记的技术合同，不得享受国家对有关促进科技成果转化规定的税收、信贷和奖励等方面的优惠政策。"第七条规定："经认定登记的技术合同，当事人可以持认定登记证明，向主管税务机关提出申请，经审核批准后，享受国家规定的税收优惠政策。"可见，来认定登记技术合同是靠优惠政策的吸引，而现有的技术交易量是根据技术合同认定登记量统计出来的。但政策是会随着形势发展改变的。最近政策就有改变，"技术秘密"的转让不免所得税，只有知识产权的转让才免所得税。这将导致技术秘密交易登记量的减少。另外，上海正在试行"营改增"，技术交易中，卖方收款后原应开出增值税发票，现在技术合同登记后可免增值税就不开增值税发票；买方拿不到增值税发票，因无法进行"进项抵扣"，成本加大会不愿做此交易；如果买方强势，会逼卖方不去登记，这都有可能导致登记数下降，亦即技术交易量下降。可见现在的技术交易量的增减和政策直接相关，而和价值规律关系不大，当然，它在很大程度上折射出技术转移的活跃度和成效性。

第二，合同登记点不等于技术交易的市场。我国各省市都有若干个技术合同登记点，科技部设有技术市场管理机构，各地也都有技术市场管理办公室。我国的技术交易量是通过各地技术市场管理办公室统计汇总得出的。但技术市场管理办公室一般属政府科技行政管理部门，上海技术市场管理办公室就是参公管理机构，显然，它不是技术交易的场所。合同登记是政策实施方式，并非技术交易的形式。可见我国只有广义的技术市场，没有狭义的技术市场。

## 2. 技术交易所无"交易"。

按照狭义技术市场的定义，技术交易所就应该是技术交易的场所，上海技术交易所就应该是上海全市进行技术交易的场所，实际上，我国和世界各国都没有任何法律、法规作出技术必须进场交易的规定。天津市的技术不会都到"北方技术市场"去交易，上海的技术也没有都到"上海技术交易所"来交易。这是与证券、黄金、房产等交易所的最大区别。因此，不能简单地拿技术市场和证券、房产市场比较，通过建立技术交易所把某地区的技术都吸引到技术交易所来进行交易只能是个幻想。

所以"技术交易所无交易"就是指"××技术交易所""××技术市场"的存在，并不表明某地区的技术交易都是在这个交易所里进行的，或者说××地区的几百亿技术交易量都是在××技术交易所里的技术交易的结果。实际上技术交易所只是一个技术转移机构，或者是一个技术转移服务平台。二十年前建立我国第一批技术交易所是种大胆探索，而在二十年后，摸着石头过河走到今天，还要建立技术交易所，或建立技术转移机构却称之为技术交易所，则会误导领导、大众和我们自己。

**3. 技术市场也有其基本规则。**

1）技术市场是小众市场。实施交易的技术往往不是最终产品，而是中间产品。是为了提高生产设备性能、效率或生产工艺水平而买卖的产品。买了"高密度循环养鱼"技术，是为了要生产出高质量、高产量的鱼，鱼才是最终产品。大众不会关心用什么方式来养鱼，而用什么新技术养鱼才能提高鱼的品质和产量是养鱼的人和公司所关心，相比吃鱼的人肯定是很小的人群。可见在技术市场里，能参与交易的买方、卖方、中介方都是较小的人群。而非证券市场里大爷、大妈都能做交易。

2）技术市场是个广义市场和无形市场。技术市场只有广义市场，没有狭义市场。广义技术市场是指将科技成果作为商品进行交易，并使之变为直接生产力的交换关系的总和。技术市场只有无形市场，没有有形市场。无形市场是指没有固定的交易场所，靠宣传、中介或其他形式寻找货源或买主，沟通买卖双方，促成交易。目前到处都可进行技术交易，到处都在进行技术交易，没有法律法规规定必须进场进行技术交易，因此重要的是选择合适的方式开展技术转移，促成技术交易，而不是建一个技术交易所。

3）技术只能单个交易。技术的非标性使它不能等量分割，它的无形性叫人看不见摸不着，而且由于前述技术转移和技术交易规律的缘故，技术通常只能一对一地单个交易，而不能像股票、楼盘那样采用连续交易和柜台交易方式开展交易。近年来我国出现了一对多的专利拍卖、专业化专利经营等技术转移和交易方式，是个有益的探索，但其持续性和能否大范围运用，还有待观察和研究。

基于多年实践作出这些论述，是希望更多的人了解技术市场。当人们了解了事物普遍联系发展变化的原理，善于透过现象看本质，明白具体问题具体分析是唯物辩证法的灵魂后，就容易把握技术市场的基本规律，在此基础上，对如何建立技术市场体系和技术转移体系、要不要抓技术转移机构建设、如何抓好技术转移机构建设等一系列问题，就会以足够的才能和智慧提出各种切实有效的方案，只有这样，才能进一步促进技术市场发展。

此文曾刊登于 2013 年 9 月 2 日《科技日报》，以及科技部主管、中国科学技术信息研究所主办的 2013 年 15 期《中国科技成果》杂志。

# 完善技术转移服务体系，加快技术市场发展

胡锦涛同志在党的十八大报告中提出"实施创新驱动发展战略"，2012年9月中共中央、国务院印发的《关于深化科技体制改革加快国家创新体系建设的意见》提出，要"完善国家创新体系，促进技术创新、知识创新、国防科技创新、区域创新、科技中介服务体系协调发展，强化相互支撑和联动，提高整体效能"，以及"完善支持中小企业技术创新和向中小企业技术转移的公共服务平台，健全服务功能和服务标准"。技术市场是个推动和实现技术转移的重要公共平台，但技术市场又是个特

殊的市场，"技术"这一交易对象的独特性导致技术交易也具有特殊性。因此，加快发展技术市场就需要有新的思路，并在看到现有问题的基础上，采取针对性措施。

# 一、加快发展技术市场的关键是大力推动技术转移

## 1. 技术市场"十二五"发展规划提出新理念。

科技部于 2013 年 2 月 5 日印发的《技术市场"十二五"发展规划》指出："技术市场是科技成果转化的主要渠道，是引入市场机制对科技资源进行优化配置的重要平台，是促进科技与经济紧密结合的桥梁和纽带，是中国特色社会主义市场体系中重要的生产要素市场。"并指出，制定这一规划的目的是要"加快技术市场建设，提高科技资源配置效

率，加速技术转移和成果转化，保障《国家中长期科学和技术发展规划纲要（2006—2020年）》和《国家'十二五'科学和技术发展规划》顺利实施，科学指导'十二五'期间技术市场的发展"。以往的文件里基本都是提"成果转化"，这次提出的"加速技术转移和成果转化"，显然是在以往实践的基础上，概括提炼出的新理念。这个新理念既存续了对我国科技与经济各成体系的运行特点的认识，又更注重与国际公认的概念和做法——技术转移相衔接，需要深入理解。

**2. 技术转移是促成技术交易的直接动力。**

广义的技术市场"是指将科技成果作为商品进行交易，并使之变为直接生产力的交换关系的总和。它包括从技术商品的开发到技术商品的应用和流通的全过程"（《技术经纪人》P86）。所谓"技术转移"，"联合国曾将其定义为系统知识的转移，是从产生知识的地方转移到使用知识的地方。一般来说，技术转移是指技术在国家、地区、行业内部或之间已经自身系统内输出与输入的活动过程，包括技术成果、信息、能力的转让、移植、引进、交流和推广普及"（《科技创新管理》P138）。按照我国《技术合同认定登记管理办法》的规定，只有把技术进行商业化运作，并且完成了输出与输入的过程，达成了转移，其合同被认定登记后才成为"技术交易"。只研发，创造的成果不转移，就形成不了技术交易。

技术转移机构为促进技术转移和技术交易发挥了积极作用。2012 年上海的 16 家国家技术转移示范机构共促成技术转移 5 134 项，技术交易金额 162.55 亿，其中促成公共财政投入计划项目成果转移数量和金额分别为 1 173 项和 6.98 亿，重大技术转移项目成交数量和金额分别为 788 项和 47.59 亿。上海创新驿站通过构建区县技术转移网络，挖掘企业需求，组织实施供需对接，也促成了一批技术交易。可见技术转移是带来技术交易的动因。

**3. 科技中介机构促进技术交易的作用有待进一步发挥。**

科技中介机构是技术转移的重要力量。"科技中介"是指为促进科技成果更多地被企业应用，以及帮助企业有效与科研机构合作进行技术创新所提供的服务和活动。"科技中介机构"则是指主要从事技术转移和技术交易服务的第三方独立组织。这个概念直白地说，就是为技术开发、技术转让、技术咨询、技术服务等提供中介服务的机构。2011 年上海技术交易项目总数为 29 332 项，金额达 550.32 亿元，通过科技中介机构促成的交易项目数为 313

项，占总项数的 1.1%，促成的交易额为 3.31 亿元，占总额的 0.6%。2012 年技术交易项目总数为 27 998 项，金额达 588.52 亿元，通过科技中介机构促成的交易项目数为 562 项，占总项数的 2%，促成的交易额为 3.8 亿元，占总额的 0.65%。这表明，科技中介对促成技术交易是有作用的，但目前这种作用还不大，还有大幅提高的空间。

## 二、目前技术转移需要政府的强力推动

### 1. 技术转移有其重要作用应予以足够重视。

目前力促企业成为技术创新的主体，已是政府和社会各界的共识。企业面对市场竞争，要保持领先地位，就要不断创新。实施技术转移就是企业实现技术创新的重要途径。对企业而言，通过技术转移一是可以降低新产品的研发成本。与企业自建研

发机构、引进研发人员进行自行研发相比较，采用与研发机构合作研发、委托开发、购买技术等技术转移方式，无疑使企业的投入产出性价比更高，这一点对中小企业更重要。二是可以在更大范围里选用新技术。运用技术转移通道，企业不仅可与本地区研发机构合作，还可以在全国、全球范围选择更适合的新技术。这一点对较少科研机构的地区更为重要。三是可以加快拓展市场。企业可以运用技术转移，将自己的新技术、新产品、新服务以销售、代理、直接投资等方式加以输出，不断扩大市场份额。四是有利于企业综合竞争力的提升。台湾学界和产业界认为："随着国际技术能力之差距日渐接近，产品及技术生命周期缩短与技术移转和学习速度增快，共同研发与相互授权可加速新产品与新制程之开发速度，使企业具有抢先占有市场的竞争优

势。"（台湾商管业书"全华图书"发行的《科技管理》P324）

欧洲技术转移和创新协会前主席、英国北部地区技术转移中心执行董事高敦欧伐在"2006上海国际技术转移论坛"上说："技术转移是一种必须，而不是一种选择。"2007年12月科技部、教育部、中国科学院联合下发通知并发布《国家技术转移促进行动实施方案》，该方案指出"技术转移是我国实施自主创新战略的重要内容，是企业实现技术创新、增强核心竞争力的关键环节，是创新成果转化为生产力的重要途径"，要求"各级领导要高度重视技术转移对国家创新体系建设的重要性"，"各级科技行政部门、各有关行业部委要切实加强领导，根据本方案制定相应的实施方案，推动本地区和本行业技术转移体系的建立"。

## 2. 技术转移非完全市场化的地位需要政府扶持推动。

对技术转移是由市场看不见的手去推动，还是应该由政府看得见的手加以扶持推动，各界会有不同看法，关键是看哪只手对促进技术转移更有效率。由于"技术"作为特殊的商品具有无形性、复杂性和不确定性，从而导致技术转移和技术交易具有隐蔽性、双边垄断性和相互渗透性，以及技术交易过程的复杂性、长期性特点。与有形的、直观的、固化的各种货物产品交易完全不同，能够从事技术转移、科技中介的机构和人，必须是掌握专业知识、法律知识、商业等知识的具有综合素质的人，这样的人在我国极少。另外，从实际看，目前一般从事技术转移和科技中介的机构和人都难以获得较高的收益。技术市场要求高、风险大、收益低的特点，使大多数科技人员不愿从事技术转移和科技中介。实际情况表明，靠市场力量难以推动技术转移和科技中介较快发展，没有政府的指导、支持，技术转移对促进科技和经济结合的作用很难更好地发挥出来。EEN 就是欧盟为推动整个欧洲企业技术转移和商业发展而组织、支持的技术转移服务网络，通过支持技术转移和科技中介机构服务更多的企业，其做法值得借鉴。

**3. 技术转移面临的困境需要政府加以解决。**

近年来已有很多文章阐述了技术转移和科技中介机构面对的市场被压缩、缺乏政策资金支持、体制机制严重束缚等问题，我这里更多地从另一角度——科技系统内视角，提出要加以重视、解决的问题：一是同类机构较多，集聚资源难。科技系统里，有的机构定位做国内科技合作，有的是从事国际合作交流，有的是搞技术交易，每到制定财政预算计划时，各机构工作内容颇多重复交叉，一个个机构看，都合理，放在一起审核，问题凸显。要考虑以机构重组带动资源整合，一看，哪个机构都有定位，都合理，真是"剪不断，理还乱"。二是核心功能不确定，机构作用难定位。各机构都有其自身功能定位，都曾明确过"干什么"，但在具体工作内容定位的后面，应该还要有一个更加重要的机构地位的定位，即在社会同类机构普遍存在的情况下，政府所属机构在其中处于什么样的地位。目前社会上有四路技术转移大军，政府所属的从事技术转移的机构是与其他机构一样，只是一个技术转移机构呢，还是政府为推动社会技术转移发展而建立的一个服务平台？显然，应该把政府所属机构建成在政府指导、支持下，推动全社会技术转移发展的服务平台，或者成为推动技术转移发展的示范机构，这也是政府所属机构所具有的事业单位性质决定的，否则，这样的事业单位存在就没有意义了。三是政策不配套，作用难发挥。目前有关技术转移的政策也有一些，但有的是只针对"成果转化"这种供给导向技术转移的，没有包括"需求解决"这种需求导向技术转移，有的是支持国际合作交流的，但着重支持研发机构的跨国合作，或者是支持国际合作会议，但少有支持引进国外先进技术，或输出我国先进实用技术的跨国技术转移工作，有的对技术经纪人给予后补助，但对难以成长的技术经纪人没有给予全过程扶持。总之，现有的涉及技术转移的有关政策显得零敲碎打，没有从建设技术转移体系的高度，系统地考虑、研究后加以设计，所以这些政策的执行，总体上来看对推动技术转移发展的作用难以体现。

# 三、多管齐下完善技术转移体系

## 1. 科技行政部门应该举起技术转移大旗。

科技部、教育部和中科院在 2007 年 12 月就联合制定了《国家技术转移促进行动实施方案》，《方案》提出："全面落实科学发展观，以营造自主创新环境为重点，以加速知识流动和技术转移为主线，以建设技术转移体系为支撑，通过完善技术、人才、资本三大要素的结合，充分发挥市场机制在配置科学资源中的基础性作用，综合利用经济、法律和行政手段，加强产学研结合与互动，培育企业的自主创新能力，进一步提高我国公共科技财政投入的产出效率，实现科技成果的商品化、产业化和国际化。"2013 年 2 月 5 日科技部又印发了《技术市场"十二五"发展规划》，《规划》也提出："以服务创新型国家建设、服务经济发展方式转变和产业结构调整、促进企业技术创新主体地位的确立为总体要求，以优化科技资源配置，加速技术转移、促进科技成果及研发能力转化为根本宗旨，进一步强化需求导向，坚持重视宏观管理与强化市场机制并重，坚持完善技术市场体系与服务国家目标任务并重，坚持丰富工作内涵与创新体制机制并重，为科技支撑加快经济发展方式转变、全面建设小康社会做出重要贡献。"科技部已指出了技术市场新的发展方向，我们应该积极领会贯彻。

目前社会上有四路技术转移大军（政府类、大学类、科研所类、民营类），政府各部门也都在抓技术转移，有的称之为知识服务、有的叫技术贸易、有的是提为中小企业服务，在大家都越来越重视技术转移的情势下，作为主抓科技创新的部门，各地科技行政部门理应率先举起技术转移的大旗，并通过挥动这面大旗，集聚、整合各种资源和力量，共同推动创新体系建设，共同为促进企业技术创新服务。《规划》也要求要"加强对技术市场工作的领导，强化各级科技部门对技术市场的管理职能，完善技术市场组织管理体系。建立技术市场跨部门协商机制，加强与相关部门的协调沟通，形成合力，共同推进技术市场工作"。

**2. 将技术转移打造成科技服务体系重要支柱。**

就技术转移而谈建设技术转移体系，会使我们对技术转移认识的眼光和思路受限，应该把技术转移放到更大的科技服务体系中去考量，从总体思路上，打造"三支柱"科技服务体系。

所谓科技服务体系，是指"为企业技术研发、专利服务、中试孵化、成果转化、产业化等提供服务的相关要素及其联系而构成的一个服务整体"。目前科技系统内和社会上已有科技咨询和评估、科技情报信息、企业孵化器、技术转移、创业投资、知识产权、专利代理、条件设备等各种服务。根据多年实践经验，我认为这些科技服务可归纳为三大类，形成科技服务三支柱（图1）：

第一、各种主要的科技服务，根据功能都可归纳到这三部分中，使这三部分成为科技服务体系的三根主要支柱。这三根支柱划分和确立，又是因为三根支柱有着明显区别的边界，其区别可从服务对象、条件形成、服务方式上看出：首先看"条件支持类"服务，它是为全社会研发机构和企业服务；这一类服务本身就是研发、创新所需条件的集合，这些条件已存在，只是用不用、怎么用的问题；在总的服务方式上，这一类主要是被动接受式服务，只要研发机构、企业来，就能提供服务。其

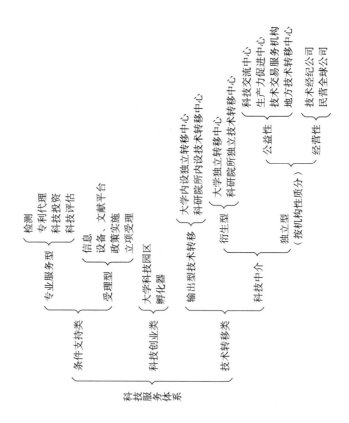

**图 1（完善技术转移服务体系，加快技术市场发展）**

次看"科技创业类"服务，它是只为某个区域范围内的企业提供服务，对区域外的企业，一般不列入其服务对象；这类服务者对进入服务区域设有条件，同时，对进入区域的企业则给予特殊政策支持，使其能快速成长；但这种服务只对企业发展的一个阶段进行扶持，企业长大了，服务使命便告结束。再看"技术转移类"服务，它是为全社会需要技术创新的企业提供服务，没有区域限制；这类服务没有任何条件限制，主要是看有否服务能力和吸纳能力；技术转移更需要主动服务企业，并可为企业发展全过程提供服务，甚至可将服务渗透到企业的创新战略制定、投资决策、科学管理、市场开拓等各环节。当然，三根支柱的共同点是都为科技创新营造良好环境，都是政府推动科技创新的重要抓手。从推进全社会科技创新的作用和效率看，这三根支柱中的任何一根支柱都不可缺少，互相之间也不可替换，否则时间一长，其短板效应就将显现出来。

第二，技术转移是三支柱中独特的、不可或缺的重要支柱，它有着"突击队"和"黏合剂"作用。在具备一定环境条件的情况下，技术转移能直接深入企业，针对制约企业发展的瓶颈，通过帮助企业实施技术转移实现技术创新，或使企业保持较强的竞争力，或使其突出竞争中处于落后、被动的重围，获得新的发展。技术转移还可根据企业需要的、特定的技术创新需求，主动将各种相关科技资源集聚到企业，将科技资源供给和科技创新需求更紧密地黏合起来。

第三，在三支柱中可看到政府所属各科技服务机构的位置，这为事业单位深化改革，进行机构整合，集聚功能提供一种思路。针对上述存在的问题，近两年来一些地方科技行政部门已对系统内有关机构进行了部分调整、合并，形成了若干板块，但上述问题尚未根本解决。目前事业单位深化改革再次展开，根据什么改，怎么改？我认为就可依据三支柱科技服务体系思路，按照"合并同类项"原则考虑设计方案，将有关机构加以整合，使有限、分散的服务资源集聚、做大，推动技术转移加快发展。

### 3. 抓住重点构建技术转移体系。

构建技术转移体系有诸多工作要做，但目前最主要的应抓两件事：一是制定、完善有关政策。从三支柱科技服务体系看，目前在上海"科技创新行动计划"中，有支持科技创业服务体系的，也有支持申请研发公共服务平台大型科学仪器设施共享补贴资金的，但没有对技术转移体系和机构的支持政策。另外，科技部多年设有"科技型中小企业技术创新基金项目"，近两年在这一项目中还设立了"中小企业公共服务机构补助资金项目"，其中支持的一类就有"技术转移服务（含国际技术转移服务），包括技术经纪与技术（产权）交易服务、根据企业技术需求提供的技术供需对接服务、技术转移相关联的技术集成与国际技术转移服务"（见《2013年度科技型中小企业技术创新基金项目申报说明》）。在另一个国家火炬计划项目上，在"面上项目"中设有"产业化环境建设项目"，支持科技中介机构及"支持中国创新驿站站点服务能力提升"。在"重大项目"中，支持科技服务体系建设，包括支持技术转移和中国创新服务网络（中国创新驿站）的国家站点、区域站点、基层站点建设（见《2012年度国家火炬计划项目申报要求》）。科技部制定支持技术转移的政策，是其推进技术转移和技术市场发展的重要举措，但很多省市没有相关的政策。欧洲根据市场经济理念，一般不直接以财政资金支持企业，认为支持一部分企业就是对未支持企业的不公平，所以欧盟的经费是直接支持 EEN 服务机构，而没有投向企业。我们实施追赶策略，通过重点支持一部分企业来带动产业发展是必要的，但随着社会主义市场经济改革取向的进一步明确，应该实施支持重点企业与支持技术转移和科技中介机构并举的措施。看得见的手回缩一点，技术转移、科技中介在技术市场中的作用空间就会更大一些。

二是建立技术转移管理运行机制。科技部从 2007 年开始认定国家技术转移示范机构，并制定了认定、考核、奖惩办法，以此推动国家技术转移体系建设。各省市也应该在看到技术转移是种必需的基础上，制定、实施本地技术转移机构认定、督促、考核、奖惩办法，以此为抓手，推动本地技术转移这一科技服务体系三支柱中重要支柱的建设，从而促进技术市场进一步发展。

此文曾刊登于科技部主管、中国科学技术信息研究所主办的《中国科技成果》杂志 2013 年第 17 期。

# 对科技中介需再认识

2012 年 9 月中共中央、国务院印发了《关于深化科技体制改革加快国家创新体系建设的意见》，这进一步引起了社会各界对科技中介服务的关注。近些年已有一些专家著书对科技中介作了研究，但总体看，经院式研究比较多，内容也是粗线条的。从有利于指导实际看，需要对科技中介作进一步的分析研究。本人认为，当前推进科技中介机构发展首先要解决好三大突出问题：

# 一、科技中介机构含义不清

不少文章和专著把工程技术研究中心、科技交流中心、生产力促进中心、技术交易所、技术市场、科技成果转化服务中心、科技咨询和评估、科技情报信息中心、科技企业孵化器、创业投资服务机构、知识产权服务中心、专利代理机构、研发公共服务平台、大学技术转移中心、大学科技园、行业协会等都列为科技中介机构，这是很不妥当的，这种把各类和科技有关的服务机构都装到科技中介机构的筐里，胡子眉毛一把抓的做法，容易使人感到科技中介机构已随着市场经济的发展而得到很大发展，实际情况却大相径庭。目前科技中介机构非常弱小，作用难显，其与所应该承担的促进技术创新的使命很不相符。社会上质疑科技成果转化和产业化效率低，就间接反映出科技中介机构作用很弱的问题。究其根本原因，是很多人对"什么是科技中介机构""哪些是科技中介机构"没有搞清楚。在没有搞清楚基本概念和这一类对象的情况下，对其现状和发展趋势势必把握不准，更难以确定如何推进其发展。

### 1. 对科技中介机构进行再定义十分必要。

"什么是科技中介机构"首先涉及的是"科技中介机构"这一概念。概念是反映事物本质属性的思维形式，概念准确才能明确研究对象的范围。形式逻辑理论告诉我们，人们认识事物的本质属性有个过程，开始往往只能把握事物比较初级的本质，此时形成的概念只能是初步的概念，人们把握事物的本质越深刻，形成的概念也越深刻。

二十世纪八十年代中期，随着我国改革开放，科技体制改革也拉开序幕，这时出现了科技开发交流中心等机构，九十年代以后，又建立了技术市场、技术交易所、生产力促进中心、科技企业孵化器等一大批机构，这些机构大多是政府下属的独立科技服务机构。十多年前由于人们对科技创新体系的认识处于初始阶段，所以认为"科技中介是在技术创新中介于市场主体之间的、为技术创新发挥服务作用的机构和个人"，"凡是为科技与经济之间的结合提供必要中介服务的非政府机构，均可视为科技中介机构"，"生产力促进中心、科技企业孵化器、科技咨询和评估机构、技术交易机构、创业投资服务机构等，是科技中介服务的主要形式"。近两年随着产业结构的调整和发展，又出现了现代服务业，其中一个分支是科技服务业。根据查阅得知，科技服务业的概念和上述科技中介概念基本相似。

应该说这些概念都没有错，只是外延都太大。这么多机构中，有些已经有了长足和稳定的发展，如科技企业孵化器、专利代理机构、大学科技园、科技情报信息中心、创业投资服务机构等，如果我们把这些机构都列入研究对象，就会使工作重点和扶持对象失去针对性。所以，当前如果我们研究的主要目的是如何通过推进中介机构建设，促进科技成果更多地被企业应用，以及帮助企业有效与科研机构合作进行技术创新，真正解决这个当前存在的突出问题，就需要对"科技中介机构"进一步进行"概念限制"这种思维活动，即由一个外延较大的概念过渡到一个外延较小的概念，从而使我们对科技中介机构的认识从一般过渡到特殊，使认识具体化，从而明确哪些机构是要重点扶持、推动的。

**2. 对科技中介机构的定义应回到本义上来。**

对科技中介机构应从经济学角度作定义。我国改革开放是以社会主义市场经济为取向的，科技体制改革的重大突破，就是将技术视为可进行交易的商品，正是在这个前提下，才出现了技术市场。技术市场的主体有三个：买方、卖方、中介方。我们在技术市场的范畴里研究科技中介机构，就能深入研究其生存现状和发展规律。

《辞海》对"中介"的定义是"居中介绍"。"中介活动"指中介人（自然人或法人）居间帮助甲、乙双方达成某项协议（契约、合同）的活动。中介活动的基本特征是"居间"，中介人的任务是为委托方找到合作者，扮演了传递信息和临时协调人的角色。据此我认为"科技中介"应是指为促进科技成果更多地被企业应用，以及帮助企业有效与科研机构合作进行技术创新所提供的服务和活动。"科技中介机构"则是指主要从事技术转移和技术交易服务的第三方独立组织。这个概念的内涵直白地说，就是为技术开发、技术转让、技术咨询、技术服务等提供中介服务的机构，其外延就是从事这一类服务的有关机构。上述"科技中介"和"科技中介机构"两个概念表述虽不同，但它们属相容的同一关系。对比这一定义，前面所列的几种定义，应该都属对"科技服务机构"的定义。

**3. 对科技中介机构的再认识需要把握两个关系。**

一是科技中介机构和科技服务机构的关系。前者和后者的区别在于前者外延包含在后者外延里，比后者外延小，也就是科技服务机构中的一部分是科技中介机构，而不是所有科技服务机构都是科技中介机构。二是科技中介机构和技术转移机构的关系。从实践看，科技中介机构一般都实施技术转移，而技术转移机构并不都属科技中介机构。大学、科研院所内设机构的技术转移中心，主要是将本单位研发的科技成果向企业进行转让推广，他们本质上代表卖方，而不是中介方，所以不应算科技中介机构。但如果换个角度说，要支持技术转移机构发展，则两者都应包括其中。

## 二、科技中介机构分类不当

如前所述，把所有与科技创新服务有关的机构都视为科技中介机构是很不恰当的。当明确科技中介机构的概念后，可从科技服务体系角度，对各类服务机构进行分类，从中确定哪些是科技中介机构。

此图（图2）将科技服务机构分为创新环境建设、创新创业、技术转移三大类。第一类创新环境建设类机构中的专业服务型机构有：检测类、专利代理、科技评估、科技投资等机构。事务受理型机构

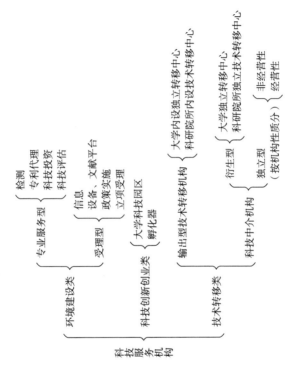

科技服务机构分类图

图2

有：情报信息机构、大型仪器等平台类机构、政策实施和立项受理机构等；第二类创新创业类机构包括孵化器和大学科技园区。第三类技术转移类机构中的输出型技术转移机构指大学、科研院所内设技术转移中心。科技中介机构包括衍生型和独立技术转移机构。衍生型技术转移机构指大学、科研院所设立的独立法人技术转移机构。独立技术转移机构按机构性质分非经营性和经营性技术转移机构，前者基本都是事业单位中介机构，如技术交易所（技术交易促进中心、地区技术市场等）、生产力促进中心、开发交流中心、对外科技交流中心、科技成果转化服务中心、部分情报研究院、社团性机构和专业协会；经营性技术转移机构主要有：技术经纪公司、技术转移公司、中试公司（基地），以及部分科技咨询公司。

对上述分类有几点要指出：一是上述分类主要是按功能加以区分的。尽管一些机构的业务是交叉重复的，或者一个机构承担多个职能，但从机构的名称就可看出其基本功能。有的机构现实功能与原定功能有了较大改变，就看其目前主要干什么。如科技开发交流中心大多已无技术开发功能，实际在做科技中介工作。有的虽属于第一类和第二类机构，但目前已在积极从事科技中介活动并取得明显成效，也可视作科技中介机构。二是实践表明孵化器和大学科技园区不应属于科技中介机构。这两个机构的功能，实质是在地理上营造一个让小微企业健康、快速成长的小环境，而许多小微企业是大学老师和毕业学生，以及科技人员带着科技成果来创业的，它是科技成果转化的一种方式，营造小区域环境和创办企业在技术市场范畴中都不应属科技中介活动。三是第一类机构和第二类机构虽都是从事环境建设，但两者仍有明显区别。第一类机构是为全社会创新主体和技术市场主体服务的。第二类机构则主要为入驻园区、孵化器内的企业服务，两者服务对象和范围都不同。四是第三类中的科技中介机构应是政府重点关注和扶持的机构。这类机构是在直接从事促进科技成果进行转化和产业化，或者根据企业需求，牵头科研机构帮助企业开展研发，以及开展国际技术转移工作。科技中介活动的重要性、高知识性、复杂性，以及机构生存、发展的艰难性都需要政府给予比其他科技服务机构更多的关心和支持。另外，这样对科技服务机构进行分类，只是希望对现实情况作出相对准确的描述，同时，也为有关部门和人员对科技服务和科技中介服务作更深入研究提供一种思路。

## 三、科技中介机构运行机制存在缺陷

"科技中介机构以什么形式组成为好？""以什么

模式运行更有效?"也是应该加以讨论的问题。

## 1. 三类科技中介运作方式优劣已现。

目前从从事科技中介活动的机构和形式看,有三种运作方式。首先从机构看。一是政府直接做中介,或是通过所属机构按习惯的行政管理方法做中介。在许多县级市和部分地级市,科技行政管理部门往往亲自为企业和大学、科研机构之间做牵线搭桥工作。其为企业服务的意愿虽好,但与政府职能不太相符,现实中也出现了时紧时松,难以持之以恒等问题。一些科技行政管理部门对下逐层逐级发通知,收集企业创新需求,并列入年度工作考核内容,但由于没有精力对收集到的众多需求及时解决并反馈,不仅导致出现企业虚假应付,而且使企业增强了对政府和中介机构的不信任感。

二是非经营性机构做中介。目前提供科技中介服务的主要是政府所属的事业单位或政府资助的国有企业。事业单位做中介，有较高的公信力，有较多的服务资源，有一定的资金保障，也在中介服务上取得了一定的成效，因而是我国目前科技中介的主要力量。但事业单位受体制机制束缚严重，有好项目不能投资，会错失服务增值机会；进人要经批准，适时引进人才困难；受工资总额控制，难以吸引人才留住人才；等等，这都导致事业单位中介机构难以做大做强。

三是经营性机构做中介。近些年已出现一些科技中介公司，一种是技术经纪公司或咨询公司，另一种是专业性科技中介服务公司，如农业科技中介服务、生物医药中介服务等。专业性科技中介公司一般具有研发或中试能力，发展趋势较好，但数量较少。而一般的民营技术经纪公司由于缺少服务资源、成本高难有收益、难以被生产企业和科研机构所信任，生存十分困难，更难说服务有效性。一些只为企业向政府申请立项做包装的经营性机构虽有较高的收入，但因政策而存在的机构，将会随着政策的变化而起落，而且其实质是为争取享受某一项政策而服务，并没有在为技术转移和技术交易做中介服务，也不会产生促进成果转化或需求解决方面的成效，所以此类机构不应算科技中介机构。

其次，从一般的中介活动的形式和效果看，也分为三种。一是只组织活动。其曰"政府搭台，企业唱戏"，中介机构代表政府组织洽谈会等各种活动，企业和科研机构来谈合作。这是科技中介的必要形式，但如只到此为止，难免被买卖双方甩掉，难有实际成效。遗憾的是目前大多数中介机构，尤其是事业单位中介机构大都这样做，这只是科技中介的最低境界。二是重点做项目。虽然也组织活动，但把活动作为手段和过程，出发点和落脚点是促成成果转化或需求解决的一个个项目，实际也促成了一批项目，这是科技中介的第二境界。三是既做项目又能获得较高的经济收益，这是科技中介的最高境界，目前国外一些知名科技中介机构能达到这个境界，国内能达到此境界的可谓凤毛麟角，如上海盛知华知识产权服务有限公司。

**2. 科技中介机构选择发展方式应依据三个基本原则。**

一是社会认可。现在社会各界对科技成果转化效率低有颇多批评，如果科技中介机构的服务，能在促进成果转化、有效解决企业技术创新需求、积极引进国外先进技术三个方面取得明显成效，相信其定会受到政府、企业、科研机构等社会各方面的肯定。

二是市场认可。能够促成创新需求对接，只是取得了较好的社会效益，但科技中介机构还应在竞争性的市场经济中，形成自我生存，不断发展壮大的动力和机制。

三是对经济社会发展有贡献。科技中介机构的存在和作用发挥，对地区经济发展、经济结构调整、综合竞争力的提升都有积极的促进作用。

### 3. 探索中国式的科技中介机构发展路径。

一是立足现实确定科技中介机构发展基本路径。目前科技中介机构主要是事业单位型科技中介，因此这类机构如何发展应该成为重点研究对象。可借鉴国外科技中介机构发展经验，走"公益性—公益＋经营—经营性"之路。在管理方式上，可实施从"事业单位管理—事业单位企业化管理—企业化运作"的过渡，即对事业型科技中介机构允许其开展经营活动，允许收取中介费，并且鼓励其不断扩大从市场中收取费用在单位总收入中的比例，为成为经营性机构创造条件。当其从市场中收取的费用，在单位总收入中的比达到70%—80%时，鼓励其转制为公司制科技中介机构。如果各种支持到位，这个过程至少需5—8年。一些研究人员提出，现在就应将事业型科技中介机构改制为公司，这是不现实的，不具备条件就改制，会使这些机构很快消亡。

二是政府扶持科技中介机构发展的思路应从"后补助"转为"全程培育"。技术这一商品的特性，以及技术交易的特性，使科技中介极具艰难性。政府不应等孩子长大了才办成人仪式，而应把科技中介机构看成自己的孩子，从一出生就给予全程培养。深圳市科技行政管理部门对科技中介机构给予前期立项支持、年终考核奖励的做法值得借鉴。有魄力的政府还可将现有科技中介机构与投资机构加以组合，使之像英国技术集团公司那样，自己筛选购买有价值的专利技术，在作进一步开发后再卖出，以获得高额附加值。

三是各类科技中介机构也应选取自身合适的发展方向。政府所属的事业型科技中介机构应从"转手型中介"向"加工型中介"转型。事业单位中介机构不应只组织活动，把信息、技术递给买卖双方了事，而应对信息、技术、项目作深入的分析、筛选、调研，并对技术买卖双方对接做好组织、协调、指导等服务。大学技术转移中心应从"供给型"向"复合型"发展。有的大学技术转移中心已在一些地区设立工作站，派员驻扎了解企业技术创新需求，组织进行针对性研发。这种供给导向和需求导向结合的做法，有着良好的前景。研究所技术转移中心更应加快向专业化科技中介发展。

此文曾刊登于科技部主管、中国科学技术信息研究所主办的《中国科技成果》2012年第21期上，并刊登在《杭州科技》2012年第6期。

# 辨识技术转移和成果转化

继新修订的科技成果转化法以及一系列有关法规、政策出台后，"十三五"国家科技创新规划又要求"全面提升科技服务业发展水平"，"重点发展研究开发、技术转移、检验检测认证、创业孵化、知识产权、科技咨询等业态"，同时要进一步"完善科技成果转移转化机制"。"技术转移"和"成果转化"不断同时出现在同一文件中，或者同一个词组中，那么"技术转移"和"成果转化"是一回事吗？哪个概念大？哪个应作为重点抓？笔者认为两者既紧密相关又有区别，研发机构、各类企业，以及科技中介机构只有恰当把握，才能深入理解规划，理清思路，抓住重点，推进科技和经济的紧密结合，促进科技成为第一生产力。

# 一、技术转移和成果转化既紧密联系又有差别

### 1. 从概念上看两者有所不同。

科技成果转化法对"成果转化"的定义为"为提高生产力水平而对科学研究与技术开发所产生的具有实用价值的科技成果所进行的后续试验、开发、应用、推广直至形成新产品、新工艺、新材料，发展新产业等活动"。简言之，对已研发形成的科技成果加以应用。而"技术转移"一词，"联合国曾将其定义为系统知识的转移，是从产生知识的地方转移到使用知识的地方。一般来说，技术转移是指技术在国家、地区、行业内部或之间已经自身系统内输

出与输入的活动过程，包括技术成果、信息、能力的转让、移植、引进、交流和推广普及"（《科技创新管理》P138）。可见其区别在于"知识"包括科技成果、有关信息和研发等能力等，比"成果"的范围更广些。从"十三五"国家科技创新规划行文中也可看到，"成果转化"重点用于对产生科技成果的大学、科研院所提出要求，而"技术转移"既适用于大学、科研院所，也适用于企业和科技服务机构。

**2. 从历史形成看有个发展变迁过程。**

我国长期以来都是强调"成果转化"，这是源于在计划经济体制下，科研部门和生产部门完全割裂，政府投入大量资金给科研部门，形成科研成果后，必然要求促进成果转化，对此，全国科技管理干部培训阅读丛书《科技创新管理》（P129、P130）一书指出：科技成果转化"是我国的特色概念"，这个概念"是结合我国市场化程序以及科技与经济各成体系的运行特点而提出的"。随着改革开放的进一步深化，科技经济两张皮的状况有所改善，但依然存在，故而仍需强调。

"技术转移一词是 1964 年第一届联合国贸易发展会议上最早提出的。"（《技术转移联盟导论》P9）最初是作为解决南北问题的一个重要战略，后把国家之间的技术输入与输出通称为技术转移，目前技术转移已是国际上公认的提法。我国从二十世纪九十年代开始使用"技术转移"一词，本世纪头一个十年中，在行业内多数专家中形成共识，近些年来被国家和科技管理部门写入文件中。

**3. 从形式逻辑看"成果转化"和"技术转移"是属种关系。**

笔者从多年工作实践中概括出"技术转移"的

主要内容，即技术转移从方向上分包括三方面内容：一是科技成果转化，属供给导向的技术转移。二是创新需求解决，属需求导向技术转移。三是国际技术交流，属跨国跨境技术转移。

技术转移 $\begin{cases} \text{科技成果转化（供给导向技术转移）} \\ \text{创新需求解决（需求导向技术转移）} \\ \text{国际技术交流（跨国跨境技术转移）} \end{cases}$

"科技成果转化"的着眼点是将大学、科研院所形成的科技成果向企业进行推广应用，即："科技成果—企业应用"，也就是科技成果从供方向受方移动。"创新需求解决"主要是根据企业在生产中遇到的难题等技术创新需求，亦即市场需求，寻求研发机构给予研发，从而将大学、科研院所的"科技能力"更有效地转化为现实生产力，它的路径和方向是"企业需求—解决方案"，与"成果转化"的路径和方向正好相反。至于"国际技术交流"这种国家间的技术转移，近些年在科技部建设国际技术转移基地的引领下，也已蓬勃开展起来。由此可见，"技术转移"对"成果转化""需求解决""国际技术交流"是包含关系，即"技术转移"包括上述三者。而"成果转化"对"技术转移"则是包含于关系，即"成果转化"包含在"技术转移"内。抓了成果转化是抓了技术转移的重要方面，抓技术转移就是指上述三方面都可抓，都要抓。在实际工作中，大学、科研院所应下大力抓好"成果转化"，其他社会力量也应积极参与。而科技开发交流中心、技术交易促进中心、生产力促进中心等非研发类科技服务机构，以及各种民营科技中介机构，则应更广泛更积极地去组织实施以"需求解决"为主的技术转移。由于较之"成果转化"，很少有人论述"需求解决"，故本文加以着重阐述。

## 二、抓好成果转化的同时应积极抓好创新需求解决

### 1. 创新需求解决的主要服务对象是广大中小企业

如上所述，创新需求解决是需求导向的技术转移，它应该是与科技成果转化同样重要的技术转移内容。在我国90%以上是中小企业，除一部分中小企业可以在研发机构里找到可用的科技成果外，绝大多数门类繁多的中小企业，面对产品生产中遇到的各种难题，找不到现成的科技成果。中小企业实施技术创新主要有两个途径：一是自己组织实施技术创新。但这需要设立研发部门、引进研发人员、购置研发设备、设置研发场所，无疑需要很大的投入，一般中小企业难以承担。二是运用外部

科技资源，引进先进技术。这样做首先可以减少新技术、新产品的研发成本，投入产出性价比更高。其次可以在更大范围里选用新技术。运用技术转移通道，企业不仅可与本地区研发机构合作，还可以在全国、全球范围选择更适合的新技术。这一点对较少科研机构的地区更为重要。第三可以加快拓展市场。企业可以运用技术转移，将自己的新技术、新产品、新服务以销售、代理、直接投资等方式加以输出，不断扩大市场份额，最终促进企业综合竞争力的较快提升。从 2007 年开始，以需求为导向的技术转移在我国开始出现，目前广大中小企业仍有旺盛的技术创新需求，亟需技术转移机构牵手研发机构提供解决方案，可惜这并未被引起重视。

## 2. 需求解决是实施供给侧结构性改革的重要动力

供给侧结构性改革着眼于供给端和生产端的管理和制度建设，提升资源要素供给质量效益和产出水平，它既需要政府和市场推动，更需要经济系统内生变革，通过强化全要素生产率，提升资源要素配置效率，实现要素资源效率最优化。经济学家指出：一个国家的经济增长直接原因是物质资本和人力资本的增长，以及人力和物力的利用效率的提高，后者即为全要素生产率，也被看作是技术进步的结果。我国中小企业大多数仍在传统产业里从事低端生产制造，其全要素生产率亟待提高。笔者工作单位曾根据上海一家已上规模的民营水泵企业提出的技术创新需求，组织专家对我国整个水泵行业进行过产业分析。目前中国泵业规模以上的企业约 6 000 家左右，泵制造企业达上万家。实现工业总产值在 800 亿元左右。纵观整个泵业，大多数为中低端产品，产品技术含量低，高端产品都是以进口为主，中国高端泵类产品市场已被国外企业垄断。根据有关预测，到 2020 年，中国的离心泵进口额将达到惊人的 50 亿美元，成为世界上最大的离心泵进口国。随着我国城市化和新型工业化快速推进，石化行业、电力部门、冶金部门、化工行业和城市建设等用泵大户将继续增加对泵类产品的需求。但从全球泵产业链看，目前我国泵业产品基本处于低端层面，少有中高端产品，反映出我国泵业技术创新十分薄弱。泵产业是这样，其他传统产业又如何？而且类似的传统产业还有多少？这些传统产业中的众多企业的技术创新需求，现成的大学、科研院所的科技成果能满足他们吗？恐怕正如"十三五"国家科技创新规划指出的那样"许多产业仍处于全球价值链中低端"。规划提出，要"提高制造业信息化和自动化水平，支撑传统制造业转型升级"，这就指明了用高新技术提升传统产业的方向。而在实施路径上，除了抓好成果转化，实际上更需要根据企业需求，亦即市场需求，通过"需求解决"这种需求导向技术转移方式，运用研发机构的"科研能力"帮助中小企业进行技术创新，才能展示出规划所说的"充分发挥科技创新在推动产业迈向中高端、增添发展新动能、拓展发展新空间、提高发展质量和效益中的核心引领作用"。

### 3. 需求解决具有多种获得需求的方式

在实施需求导向技术转移中，最难的是如何获得企业真实的技术创新需求。实践证明除了低端的基本的需求外，通过网络征集、行政征集这种看似简单、快捷的做法，实际是不能获取真实有效的技术创新需求的。因为企业所要解决的技术创新难题，往往是关乎其发展的核心秘密。面对激烈竞争，要求他们在诚信体系尚未建立的环境下，公开发布自己的核心秘密是不太可能的。近些年一些技术转移机构对获取企业真实创新需求作了有益探索，归纳起来主要有四种方式：一是走访企业获得需求。此法直接、有效，但成本高。凡是能够获得政府资金强力支持的机构可用此法，前几年创新驿站基本都这样做。二是设立基金并招投标。上海市科技成果转化促进会和市教育发展基金会、市促进科技成果转化基金会联合设立联盟计划难题招标项目，通过征集企业技术创新难题，经过招标筛选，由基金给予部分项目一定的资金资助。实施至今，取得较好成效。三是大学设工作站。多年前，上海交大、华东理工大学、上海理工大学等技术转移中心，联合起来在长三角等地区设立技术转移工作站，聘请退休理工老师驻扎当地，了解需求，信息反馈学校进行研发，效果也不错。四是以能力和信誉吸引企业合作。上海意元投资管理咨询有限公司作为一家民营科技中介机构，以自身很强的专业服务能力，以及很高的信誉度获得了不少企业和科研机构、政府的信任，在较短的时间里取得了集聚科技资源，为企业技术创新需求提供解决方案的明显成效。以往经验值得传承，现有做法可以借鉴，需求导向技术转移应该推广实施，也可以推广实施。

## 三、成果转化和需求解决有着不同的方式和路径

### 1. 成果转化可遵循技术商业化路线图

一般来说，我国科技成果转化主要有四种方式：一是转让许可。科研机构直接将科技成果售让

给企业，或者许可给企业去商业化。二是合作研发。由科研机构和企业合作，就可见应用前景的项目联合进行研发并加以实施。三是创办公司。对有明确市场前景的科技成果，通过技术入股，由研发机构、企业，以及投资方共同组建项目公司。四是科技创业。科研人员带着科技成果，自办公司，经过孵化发展壮大。不管用何种方式，成果转化一般都可遵循"技术商业化路线图"。即要了解在"研究—开发—商业化—产业化"过程中，将遇到"魔川""死谷"和"达尔文海"的障碍，除了要实施不同的组织管理外，根据开发经费将以 1：10：100 的比例大幅提高的规则，持续进行投融资。为此，"十三五"国家科技创新规划要求"围绕产业链部署创新链、围绕创新链完善资金链"，同时要做好知识产权确认、无形资产评估等一系列常规性工作。

## 2. 技术商业化路线图并不适用"需求解决"

作为技术转移另外一个方向的"需求解决"，有着和"成果转化"完全不同方式。一是需求是由企业提出的。我国的企业，特别是中小企业，光制造业企业就有几十上百万个，他们的需求不仅数量多，而且企业的行业门类多，需求的种类也多，包括技术研发、知识产权、检验检测、各种咨询，以及中介服务等。二是企业提出的技术需求大都是需要重新进行研发才能解决的，基本属于委托研发。三是企业需求的解决方案中通常不存在重组公司的问题。企业需求的解决方案通常是解决某个专门难题，用不着新建公司，所以围绕组建公司以及后续开发而产生的投融资等问题，一般不会碰到。但他们往往会面临缺钱购买新技术研发等困境。总之，企业提出的需求是散乱的，没有规则的，所以需求导向技术转移无法按技术商业化路线图去组织实施。"十三五"国家科技创新规划提出"围绕创新链完善服务链，大力发展专业科技服务和综合科技服务"，对促进需求导向技术转移具有很强的现实意义。

### 3. "需求解决"需要良好的环境和专业的"红娘"

长期实践表明，促进科技成果转化，最重要的是深化科技体制和机制改革，只有打破束缚，才能激发研发机构有关人员的转化积极性。在科技成果转化法修改稿等一系列文件出台后，成果转化已经出现了前所未有的快速发展态势。相比较之下，推动创新需求解决，仍需付出巨大努力。目前推动需求导向技术转移，最重要的是营造良好的环境，以及培育更多专业能力强的科技中介机构。中小企业面临技术创新难题时，面对众多的大学、科研院所，往往不知如何选择合作伙伴，相比拥有科技成果的研发机构，他们更需要有能力、信得过的科技中介机构提供中介服务。对此，"十三五"国家科技创新规划提出的"壮大科技服务市场主体，培育一批拥有知名品牌的科技服务机构和龙头企业"，恐怕就是针对我国目前严重缺乏科技中介机构的现状而言的。培育一批有很强专业能力和很高信誉度的科技中介机构，应是该下大力做的一项工作。在创新环境上，当企业在技术创新过程中，需要知识产权、检验检测、各种咨询等服务时，都能便捷地找到，说明良好环境已经形成，这一点应该说经过多年努力，大中城市已基本可以做到。现在环境建设中最缺的是对需求导向技术转移的政策支持。目前成果转化方面的政策支持已是铺天盖地，但再看看需求解决所需要的扶持政策，少而零散，不成体系，而这又是源于对需求导向技术转移认识的缺失，需要以此入手转变。当我们既重视成果转化，又重视需求解决时，就能实现两条腿走路，并能疾步如飞地以科技创新推动经济继续快速发展。如果再加上积极开展国际技术转移，我国就将"形成创新型领军企业'顶天立地'、科技型中小微企业'铺天盖地'的发展格局"，也将像有了三点起落架的大飞机一样，平稳启动，快速升空，展翅高飞。

此文曾刊登于由科技部火炬高技术产业开发中心和上海市科学技术委员会主办的《华东科技》2017 年第 1 期。

# 专业化是科技中介机构的立身之本

公司成立一年，走访服务 68 家企业，与 300 多家企业进行过交流，为企业等机构实施了 37 个技术转移项目，已促成项目对接 15 个，撮合完成的技术交易金额 3 430 万元，其中促成企业获得投融资 2 100 万元。上海意元投资管理咨询有限公司以自己独有的科技中介专业化服务，赢得了越来越多的企业和研发机构的青睐。

凭借专业化能力才能看准技术的市场价值。上海睿涛信息科技有限公司是一家高新技术型企业，公司研发的数控机床误差实时补偿系统拥有发明专利。但公司成立时间较短，缺乏市场信息和渠道，如何尽快走向市场成为大问题。该公司领导慕名找到意元公司总经理朱建栋，请求给予帮助。意元公司即对其拥有的技术进行了市场应用前景评估，在得出肯定的结论后，意元公司牵头睿涛公司与常州7家企业进行了洽谈对接，并促成其与常州一家代理商签订了合作协议，由此使睿涛公司的技术很快进入常州企业，至2015年底已有500台数控机床安装了此系统，并被沈阳企业所购买。打开市场后，2016年一季度，睿涛公司的估值已经翻了6倍，产品展现出很好的市场前景。

因为专业才能根据企业需求找到最合适的技术。上海雄狮粉末涂装有限公司是家颇具实力的企业，需要引进具有某种特性的粉末涂料专利技术，以提升产品性能。意元公司接到其需求后，运用自身能力，很快为其找到了中科院宁波材料技术与工程研究所，该所拥有一种氟硅改性环氧树脂粉末涂料专利，经意元公司评估，该专利技术很适合雄狮公司需求。意元公司人员即前往宁波材料所作进一步了解，并就这一技术的转让与材料所进行了初步沟通。意元公司又研究分析当地专利转让相关政策，收集、整理了一切相关信息，为此次技术交易谈判做了充分准备。意元公司作为科技中介机构，全程参与了此次交易活动，最终促成雄狮公司与宁波材料所达成专利转让交易。正是看中了意元公司专业化能力，宁波材料所又将390多项专利成果委托意元公司进行转移转化。

依靠专业化能力意元公司在帮助数家公司迅速发展的同时，也加快了自身发展。庆中科技（上海）有限公司是家掌握核心选矿技术的企业，2015年10月，意元公司应邀与庆中公司签订合作协议，成为庆中公司的咨询顾问，帮助其制订战略发展规划、确立新产品研发方向和策略，打造技术驱动型规模企业。与此同时，意元公司又接到一发明人转化一发明成果的请求。这是一种可提高防火等级和其他物化指标的配方和工艺，经市场调研，该技术和产品在建筑外墙保温材料领域有很广阔的应用前景，亟需实施规模化生产。意元公司敏锐地意识到，可将这数家企业及社会资源整合起来实现成果转化。根据意元公司的策划，2016 年 2 月，由企业、技术方等多方面投资组成的上海超金节能科技股份有限公司注册成立。意元公司为超金公司制订了发展战略规划、科研发展规划和商业运作计划等。为避免陷入工业企业投入大量现金购买土地、厂房和设备的传统发展模式，意元公司提出建议，新公司定位为技术研发型公司，轻资产运营，后期市场推广以技术许可方式拓展区域合作伙伴，并应联合华东理工大学等科研院校创建研发中心，不断研发新产品。意元公司提出的发展规划也得到超金公司董事会的一致认可和采纳。经意元公司沟通协调，华东理工大学有关部门又与超金公司签订了合作协议。意元公司在这个项目组织实施中展现出的整合资源、协调各方、谋划发展的极强专业化能力赢得了各方的尊敬和信任，也获得了在促成技术转移和成果转化中参与股权投资，加快自身发展的机会。发起成立超金节能科技公司各方一致赞成意元公司参与股权投资，使之成为公司的重要股东。意元公司正是依靠专业化能力，打破了通常科技中介机构促成对接后，只能获取服务费，而难以把科技中介与股权投资相融合，实现较快发展的困境，并开始形成"技术服务＋股权投资"的科技中介机构发展新样式。

上海意元投资管理咨询有限公司成立一年来，已与上海交通大学先进产业技术研究院签订共建合作协议，与上海产业技术研究院签署了共同推进科技成果转化及产业化的战略合作协议，与华东理工大学、中科院上海高等研究院、上海应用技术大学有关部门保持着长期合作关系，另外还与会计、律师、专利服务机构建立了协同服务合作，与多家投资机构建立了战略合作关系，为破解成果转化难和需求解决难不懈探索着。目前在开展技术转移中，建平台很热门，总经理朱建栋却说，我们愿意做一个踏踏实实、认认真真做成果转化和需求解决项目的技术转移机构，因为这是研发机构和企业最需要的。

此文曾刊登于由科技部火炬高技术产业开发中心网站和上海市科学技术委员会主办的《华东科技》2016 年第 10 期。

# 抓好科技中介机构是关键

如何解决科技成果转化难问题的讨论还在继续，说明这一问题仍然较严重地存在。我国技术市场开放30多年以来，围绕这一问题的讨论从未停止过，只是今年两会上一些代表的发言，把问题概括得更加明确了："专家学者有愿望却没精力，企业有需求但没好渠道，政府有号召但难推动，法律有遵循但实操难突破"。这一来，似乎谁都没有办法，无解了。遗憾的是近来提出解决这些问题的药方，大多仍旧是"搭平台""开会对接""运用大数据"等。也有一些人又提出要加强科技中介机构建设，但似乎并未引起足够重视，有的高校领导甚至已否定了科技中介机构的作用。笔者从多年从事技术转移工作的实践体会出发，以及根据一直以来对成果转化乃至技术转移的跟踪、思考和研究，认为当前要突破成果转化乃至技术转移难的瓶颈，有效促进科技和经济的紧密结合，关键就在于要下力气抓好技术转移机构，特别是其中的科技中介机构建设，因为科技中介机构在成果转化乃至技术转移中起着关键、核心作用。

# 一、科技中介机构的关键角色作用尚未被充分发挥

## 1. 科技中介机构具有关键作用是多角度观察问题后得出的结论

技术经纪人培训教材指出，技术市场的主体是买方（企业）、卖方（科研机构）和中介方（科技

中介机构）。在长期的讨论中，大家都看到，一般来说科学家的专长是发现新知识、研发新技术，但科学家缺乏对市场的把握能力，缺乏对资本的引入能力。而企业家则希望引入的是成熟的技术和工艺，往往抱怨这样的新技术太少。希望有成果的科学家都去办企业，或者所有企业都去搞研发显然是不可能的。所以在这两个主体上找解决问题的药方在现阶段是不会有结果的。另外，长期以来政府、社会各方都在尝试通过加强融资、开展评估、修法立规、政策支持等各种手段促进包括成果转化在内的技术转移。现在全国各地投融资机构一大堆，评估机构也在迅速兴起，成果转化法修改后的三部曲出台已三年，各个部委、地区的优惠政策层出不穷，但是成果转化和技术转移的总体效果仍然不理想。30多年的上述各种试验说明，以上这些工作都是必需的，但不是关键、核心的，关键在于抓好技术转移机构，特别是其中的科技中介机构，以及技术经纪人。在技术转移和技术交易过程中，存在两种要素，核心要素是人、技术、市场，而后两者恰恰是要靠人来串联、捏合的，这个"人"，主要就是技术经纪人。辅助要素包括咨询、融资、评估、政策等等，也只有通过技术经纪人和科技中介机构的有效运作，才能将这些要素带入、汇聚到技术创新的企业中，否则上述要素还是空放着的资源。

### 2. 必须抓科技中介机构是长期以来总结经验教训得出的结果

我国开放技术市场后不久，就开始注意抓科技中介服务工作。20 世纪 80 年代末，最早的科技服务机构"科技开发交流中心"先后在各地成立，这时是科技服务的综合机构。1993 年全国第一个常设技术市场上海技术交易所成立，此后全国出现了 10

大技术交易所，科技中介服务开始从综合科技服务中细分出来。30多年来，为了推进科技中介服务，从上到下坚持不懈地作了各种尝试。总体来看，主要抓了三方面工作：一是抓平台建设。各技术交易机构的成立是第一波，其后一些地方先后建立了一批技术超市或技术大市场。近年来则设立了一批地区性技术转移中心。然而实践告诉我们，在技术市场里，转移、交易的是无形商品——技术，平台的作用主要是信息集散（包括供需信息、专家信息、服务信息等），也只能是信息集散。不做成果转化的具体项目对接，只想用"平台经济"的思维抓成果转化和技术交易，就是把无形商品当作了有形商品交易，违背了"技术的无形性决定了其转移交易的隐匿性"规律，其结果只能是隔靴抓痒，而有些自称为"第四方平台"的，更是只能隔岸观火。

二是开展网上技术交易。长三角某省最早实施网上技术交易，其后一些地区，甚至一些民营技术转移机构也开展了网上技术交易工作，但实际都是把线下交易结果拷贝到网上，至今仍未看到成功的典范。现在不少人认为，今天的网络已发展到大数据、云计算，以及应用区块链技术时代，通过这些手段可以解决技术交易双方信息不对称问题，更高效促成技术交易。然而美好的想象至今仍处于无解状态。成果转化乃至技术转移是技术、法律、市场、政策等各方面知识系统运用的复杂过程，此中的具体项目对接，需要靠科技中介机构的技术经纪人与买卖双方面对面沟通，了解买卖双方的诉求，识别供方技术新颖性和成熟度，以及需方的吸纳能力，调解双方利益矛盾等诸多因素，才能促成项目落地。想要通过买卖双方信息透明对称实现网上技术交易，违背了"技术的独创性决定其必定是信息不对称交易"的规律，完全没有可能性。

三是抓技术转移示范机构。从 2008 年至今，最高层面先后认定了 400 多个国家技术转移机构，应该说其中一批技术转移机构取得了较好成效，但是一方面，这些国家技术转移示范机构中，有相当多是不做技术转移项目对接的"平台"，现在看将这些平台性质的机构列入"示范机构"是不合适的。另一方面，示范机构里的高校和科研所内设的技术转移中心受体制机制制约，作用发挥仍然有限。而民营科技中介机构没有体制机制束缚，可以放开手脚，但目前受科技中介机构和技术经纪人成长规律制约，绝大多数还很弱小。特别需要指出的是，多数地区科技行政管理部门还没有意识到科技中介机构的作用，而一些重视抓科技中介机构的管理部门，虽然也采取了一些措施，但都没有抓到点上，所以效果难见，这反过来又动摇了他们抓科技中介机构的决心。从上述长期以来抓科技服务和科技中介服务工作情况看，各级已做了大量工作，但总体效果与推进成果转化及技术转移的目标和要求相比，仍然存在很大差距，其根本原因在于还没有依据辩证思维，没有遵循技术市场规律而行，而是仍然按照一般有形商品市场的规则在做，导致好心却未能取得好效果。

### 3. 科技中介机构能够发挥关键作用是现有实例的启示

上海意元投资管理咨询有限公司（以下简称"意元咨询"），作为一家专注于技术转移的民营科技中介机构，2015 年 6 月运行以来，到 2017 年底，两年半促成技术转移项目对接 43 项，其中结合技术转移以自投、他投、联投和服务入股四种方式投资了 8 个项目（企业）。由此算来，平均每年对接促成包括成果转化在内的技术转移项目 17 个。目前每年能够促成 5 个项目对接的科技中介机构在上海已是凤毛麟角，而能促成 10 个以上的在全国也是罕见。

2017 年初，某公司张先生发现市场上新风系统和空气净化器不仅价格昂贵，而且效果较差。于是准备进入此行业，打造全新产品。找到意元咨询后，意元咨询即围绕帮助其建立新公司，生产新产品的目的展开了一系列工作。首先走了 11 家"新风系统"生产厂家进行市场调研，随后联系了供应商，对接上研发机构，牵头了投资机构和知识产权服务机构，最终实现了集成创新，帮助客户成功打造出"新风系统"新产品。新产品公司在 2018 年上半年将实现销售。

这个案例说明意元咨询有三个特点：一是有很强的专业能力。也就是有很强的从事科技中介服务所需要的专门技能。主要是识别技术的新颖性和成熟度，以及市场的适应度，理解企业对新技术的吸纳能力，特别是技术转移、交易中的组织协调能力。二是有很强的公信力。首先是公正，不偏不倚，维护买卖双方的合法利益。其次是诚信，不乱拍胸脯，言出必行，由此在客户中建立了很好的信誉，口碑相传，订单纷至沓来。三是有不为潮流风向左右的定力。一段时间来各种新提法、新概念不断涌现，跟者甚众，但意元咨询根据技术市场开放30多年来的经验教训，始终坚定地走"技术转移＋科技投资"，扎扎实实走在项目对接这条自己认定的道路上，这才取得了这样实际、有效的成绩。

意元咨询的实践还提供了两点重要启示：一是科技中介机构和技术经纪人只有通过长期积累才能形成专业能力。意元咨询创办时间不长就能取得如此突出的成绩，是因为公司创办人曾经在上海技术交易所工作近 8 年，他在 8 年的包括成果转化在内的技术转移项目对接实践中积累了丰富经验。技术转移之所以是世界性难题，就在于它是个综合知识、复杂要素的系统组合、运用的过程，只有经过至少5—8年的实践积累，才能掌握这种技能，一般科技中介公司和技术经纪人难以熬过这漫长的积累期，这就是很少看到有成效的科技中介机构和技术经纪人的原因。二是只有开展技术转移具体项目对接，才能把各种资源汇集、带入到技术创新的企业中。技术、资本、评估、咨询、市场、政策等等要素、资源现在都不缺，但是要说"这些资源我在平台上都给你准备好了，你来用就行了"，让主要擅长研发的科研机构，或是主要擅长市场的企业自己去寻找、运用这些资源，个别科研机构和企业可以，而对绝大多数科研机构和企业，实在是难为他们了。只有像意元咨询这样通过做一个个具体项目的科技中介服务，才能根据不同企业的不同技术创新需求，去牵引、汇集各种资源帮助企业实现技术创新，同时也帮助科研机构实现成果转化，这就是意元咨询受欢迎的原因。如果上海有 10—20 个这样的科技中介公司，每年就将促成 100 个以上的成果转化乃至技术转移项目。全国如果有 50—100 个这样的公司，整个技术转移对促进经济发展就会出现全新面貌。

## 二、科技中介机构作用难显是为内外因所困

### 1. 科技中介机构发展存在看得到却看不清的困局

从最早的科技中介机构出现，到现在已有 20 多年了，为何有较强能力的科技中介机构依然凤毛麟角？一些地区政府支持科技中介机构建设也有 10 多年了，为何难见成效？原因在于没有看准科技中

介机构发展的瓶颈，所以支持的政策没有帮到点子上。长期以来科技中介机构一直面临着三难问题：一是项目对接促成难。客观上前些年一般科技中介机构拿不到科技成果或技术需求，难以开展对接。目前通过各种平台，可以较多地获得对接渠道，但又面临如何识别需求的真实性，以及成果的可用性问题。主观上，很多科技中介机构自身专业能力太弱，无法识别技术和成果，缺乏帮助技术转移中有需求一方进行投融资，不知新技术的市场应用前景在哪里，不知遇到的知识产权问题如何解决，不知买卖双方的利益冲突如何协调，不知如何根据新技术特点提供新的商业模式的建议，一句话，在复杂的技术转移过程中，不具备专业能力，难以获得买卖双方的认可和信任，所以难以持续拿到对接项目。上海有"技术经纪人促成 5 个项目，交易金额达到 5 000 万的，可直接办理入户手续"的人才政策，但两年来至今无人享受到此政策。

二是营利生存难。绝大多数科技中介机构的收入主要来源于促成项目对接后获取中介费，但目前买卖双方肯给的中介费很少，很多中小企业甚至不愿给。一些科技中介机构现在也开始结合技术转移做投融资工作，希望通过投资回报形成新的收入来源，但由于自身专业能力较弱，尚未获得投融资机构信任，成效不明显，这些都导致科技中介机构年度营收过低，于是只能主要通过频繁组织各种会议、培训等活动增加收入，因而做项目对接的时间和精力就更少了，反过来又制约了专业能力的提高。

三是发展做大难。在目前人力成本不断增加的情况下，绝大多数科技中介机构不敢增加招聘人数，所以很难看到较大规模的科技中介机构。更糟糕的是对接项目少，收入也少，专业能力也提高不了，因而后续拿不到项目，收入仍然没法提高，机构也难以做大，三者相互影响、相互纠缠，死死缠住科技中介机构发展的步子。很强的专业能力和很强的创造盈利的能力是科技中介机构做大做强的基础和前提条件，目前大多数科技中介机构仍然不具备这种基础和条件。

## 2. 推动科技中介机构发展中评价工作存在偏差

各级政府为推动科技中介机构发展，推出了一些政策、措施，实施这些政策，少不了进行评价、评估、评审，然而这项具有很重要引导性工作却做得很粗糙。现在举目可见的是做了 2—3 年技术转移工作的人就是专家，在大学、科研机构工作的人就可当技术转移工作评委，不做技术转移项目对接的人却在台上空谈技术转移经验。这些人在评估、评审中，看不清哪些机构是技术转移机构，哪些是一般的科技服务机构，对做得好的技术转移机构看不出成绩和特色，对接二连三地提出新概念，表面热闹，实际没有在做技术转移项目对接的机构却大加赞赏。这些现象的存在不仅误人子弟，而且隐性而又严重地拖累了技术转移的发展。

另外，重"平台"轻"机构"的做法应加以重新评估。包括成果转化在内的技术转移服务平台，主要指承担汇集、发布各种信息（包括供需、成果、专家、服务等）、组织各种公益性技术转移活动，而基本不做项目对接的单位。"机构"指主要做项目对接的单位。搭建部分技术转移平台是需要的，但离开了技术转移项目对接，只搞供需信息对接、组织粗放的项目对接会等活动，就如同足球场上只带球、盘球，看着很热闹，就是不进球，这是没有意义的。"平台""机构"两者作用比较，实践已表明后者远大于前者。但是现在一些地方在技术转移平台已经不少的情况下，仍然积极鼓励建设技术转移平台，而较少对技术转移机构，特别是科技中介机构给予支持，这种战略性评价的偏差更将延误技术转移的发展。

### 3. 推进技术转移还缺乏系统方法的指导

所谓"系统方法"，是指"从系统的观点出发，着眼于整体与部分、系统与外部环境之间的相互联系、相互作用，综合地、精确地考察对象，以达到优化地处理问题。其特点是整体性、综合性与最佳化"。笔者认为，技术转移体系至少包括以下几个要素：平台、机构、人才、政策、管理运行机制。除"平台""机构"外，"人才"是指技术经纪人等从事技术转移服务的工作者。"管理运行机制"主要指政府推动技术转移平台、机构、人才等发展的办法和举措。应该说这些方面的促进工作都在做，但是做得较粗糙。一是在"平台"问题上忽东忽西。现在一些地方喜欢把技术转移平台交由企业做，认为这样会比事业单位办的公益性平台效率高。但几年下来，成果转化乃至技术转移的效率并未见到有明显提高。《硅谷生态圈——创新的雨林法则》一书指出："凡是与创新有关的地方，市场都是非常低效的。""公共机构承担了远比一般思维中所认为的更加重要的角色。"（P10）30多年技术市场的实践表明，政府所属的公益性技术转移平台，因其公益性而不追求盈利，在企业心中具有较高的信誉度，对于目前仍处于发展初级阶段的技术市场来说，是最合适的。反之，企业办的平台，尤其是私营企业平台很难获得广大企业信任。所以轻易把多年已有的公益性平台改为企业性平台，只能是浪费资源、浪费时间。二是在"机构"问题上混沌不清。不少地方分不清什么是科技中介机构，什么是科技服务机构；什么是技术转移机构，什么是非技术转移机构；什么是技术转移中有关键作用的机构，什么是技术转移辅助机构。于是只能胡子眉毛一把抓，没有重点自然也就难见到成效。三是政策上一刀切。科技项目管理改革后，多用"后补助"方法。一些地方也照搬照抄用于技术转移支持政策上，但是技术转移机构，特别是科技中介机构尚在困局中，还未长大成熟，以至于出现了一边是政府的有关支持资金用不掉，另一边技术转移机构特别是科技中介机构却仍然长不大。四是管理运行机制上做无用功较多。一些地方对技术转移机构认定时，缺尺度、不严格、图数量。首关未把好，看着技术转移机构很多，很红火，但真正做项目对接的技术转移机构没几家，因而后续支持宽泛无重点。考核评估后，如何根据评估结果，依据目的施以奖惩，加以调整仍是模糊不清。上述工作每项缺一点，相互之间又缺少衔接，怎能取得积极成效？

## 三、抓住关键点促进科技中介机构发展

### 1. 要把建设重点放到独立的科技中介机构上

怎样促进科技中介机构发展？首先要明确工作重点在哪里。促进科技成果转化的"三部曲"法规中，有的提出要加强技术转移机构建设，有的提到要发挥科技中介机构的作用。2017 年 9 月 29 日发布的《技术转移规范》指出："技术转移服务的类型通常包括技术开发服务、技术转移服务、技术服务与技术咨询服务、技术评价服务、技术投融资服务、信息网络平台服务等"，技术转移服务机构就是："从事技术转移服务的事业、企业、社团和其他依法成立的单位"。这里把是否直接与技术转移

相关作为标准进行划分是恰当的，检验检测认证、创业孵化、科学技术普及这三项曾经列入科技服务范围的服务，现已明确不列入技术转移服务范围，其机构当然也不能算技术转移服务机构。这客观上是进行了重点聚焦，很有必要，但是这仍然不够，对规范列出的技术转移服务机构，还需要进一步明确应该狠抓建设、大力支持的重点。

笔者认为这个重点可以从两方面分析得出，一是从这些机构能够发挥作用的大小看。包括成果转化在内的技术转移，最重要的是能使一个个转化、转移项目对接落地，成为现实生产力，否则一些服务活动开展得再热闹，但促不成项目对接也是没有意义的。从意元咨询公司的案例可看到，直接做项目对接的技术转移机构在运作中，必然带动科技咨询、技术投资、网络平台、评估评价等服务，因而处于带动各类服务机构的地位，只有他们的项目对接服务，才能把技术创新所需要的各种资源聚集到企业中。而平台、评估、投资等机构虽然偶尔也能促成一两个项目，但绝大多数开展的服务属于被带动的地位。因此直接做项目对接的技术转移机构应该是加强建设、大力支持的重点。二是从这些机构自身的活力和动能看。直接做技术转移项目对接的机构可分为两类，一类是高校和科研院所的内设技术转移机构，一类是独立的技术转移机构。后者包括高校和科研院所独立成立的公司性质的技术转移机构，以及社会民营技术转移公司。前者因为是高校和科研院所的一个部门，因而他们实质是技术成果拥有方的推销员，而且其运作方式、分配激励、风险承担等方面受体制机制羁绊较多，活力和动能都显不足。后者没有任何传统体制机制束缚，凭着对技术转移事业的热爱，加上生存发展的利益驱动，会更加主动积极开展技术转移项目对接，并不断创新技术转移商业模式。由于这些独立的技术转移机构作为一个市场主体，既不生产技术成果，也不生产产品，只提供居间服务，实际就是科技中介机构。因此高校和科研院所成立的独立技术转移公司，以及民营技术转移公司，而且是实际做具体项目对接的技术转移机构，是应该高度重视、加强建设、大力支持的科技中介机构。

## 2. 进一步改进完善支持政策

从上述分析可见，科技中介机构和技术经纪人必须提高专业能力是关键，而专业能力必须经过5—8年，在做包括成果转化在内的技术转移具体项目的积累中才能具备。因此各级政府和有关部门应该采取有效措施，把"后补助政策"改成"全程支持型政策"。即通过认真评估，对真正做项目对接的科技中介机构才给予认定为技术转移机构。对认定的技术转移机构，特别是科技中介机构，给予立项后即时政策支持。定期对认定的技术转移机构进行考核评估，然后确定其是否仍然在做项目对接，以及成效如何，再决定是否继续给予政策支持，对坚持做项目对接的科技中介机构，要给予8—10年的连续支持。只有这样才能"引""逼"科技中介机构沉下身子，踏踏实实做好技术项目对接工作，为自身生存、发展打好基础。

### 3. 建立技术转移导师队伍

可借鉴"创业导师"的做法，选取有10年以上技术转移工作经历，一直在做项目对接，并且取得较好对接成效的人做"技术转移导师"。实践证明，只有这样的人才能掌握技术转移的真谛，才能理解把握技术转移规律。目前上海、北京都有一些这样的人，虽然人数较少，但可通过发挥他们作用，产生裂变反应。同时，要让这些"技术转移导师"更多地参与对技术转移机构的认定、评估、评审等工作，让他们的经验多渠道扩散，积极引导新进从业者。

## 4. 组织开展扎实有效的"帮、教"活动

应该指出技术经纪人培训是必要的，但要在培训的基础上，更加注重在实践环节的"帮、教"活动。技术转移具有很强的实践性，想只通过设立中级、高级培训来提高技术经纪人的能力素质是不可能的。应该更多发挥技术转移协会、技术经纪人协会等行业协会作用，运用沙龙、大讲堂、巡回交流等多种方式，充分发挥"技术转移导师"作用，开展案例分析、经验交流、理论研讨等形式，积极开展立足于实践的交流。既集思广益，又对各个科技中介机构给予一对一、一事一议的指导。协会还可

举办年会，评选优秀技术经纪人、十佳技术转移案例等先进，大力表彰、宣传取得优异成绩的技术转移机构和技术经纪人，积极营造"技术转移有良好的发展前景""技术经纪人是大有可为的职业"的舆论氛围。协会活动要减少联谊性，增强精益性，真正帮助技术转移机构，特别是科技中介机构不断提高专业能力。

　　此文曾刊登于由科技部火炬高技术产业开发中心网站和上海市科学技术委员会主办的《华东科技》2019 年第 1 期。

# 中国的创新驿站之路走得通吗？

2009 年 3 月，科技部火炬高技术产业开发中心推出了中国创新驿站建设试点方案，中国的创新驿站建设开始起步。近两年，一些专家介绍了1995 年正式出台的欧盟创新驿站（Innovation Relay Center，IRC），其以网络协调各国创新驿站服务资源，并通过各站点及专业人员的服务，为中小企业的技术需求提供个性化解决方案，有效地促进了欧盟各国中小企业之间的技术合作和转移。据称，欧盟创新驿站已成为全球 5 大技术交易平台之一。好的技术转移方式也应为我所用，全国已有 3—4 个科技服务机构开始挂牌实施创新驿站建设，他们的建设进展顺利不顺利，产生于欧洲的技术转移方式是否能适应中国这片土壤，地域辽阔而东西经济科技差别明显的中国该如何组织实施创新驿站建设？相信正在实施创新驿站建设的，以及正准备进行创新驿站建设的有关人士都会关心这些问题。

上海技术交易所 2007 年初就已开始着手创新驿站建设，至今已经历了学习研究、试点探索和全面推进 3 个阶段。目前上海技术交易所牵头，与上海市的 8 个区科委，兄弟省市的 7 个市、县科技局共建起 15 个创新驿站分支机构，上海创新驿站网络雏形初现，各项技术转移工作已取得了积极的进展。从上海技术交易所的实践及获得的经验与收效看，创新驿站在中国是行得通的。然而，中国地域广阔，行政省市众多，一个上海案例能够说明全部吗？必然寓于偶然之中，关键是要从偶然中看到必然，只重表面形式的做法，其结果很可能南辕北辙，这就是全面推进创新驿站建设的风险所在。通过建设实践，使我们对一些技术转移工作中的常见说法有了一些完全不同的见解，看到和搞清这些问题，对顺利推进创新驿站建设是有益的，而无视这些问题，恰恰将使中国建设创新驿站之路充满风险。

## 1. 能否把握创新驿站的本质所在

为进一步整合网络资源，2007 年欧盟将 IRC 和 EIC（Europe Information Center，欧洲信息中心）合并成立了 EEN 组织（Enterprise Europe Network，欧洲企业网），EEN 仍然保留了两组织原有业务，主要围绕中小企业提供商业支持和技术创新服务，IRC 的基本理念和做法仍然存续。EEN 下属 500 多个分支机构，分布在 40 多个国家，通过国际互联网连接，互通信息，相互支持，成为欧洲重要的、也是最成功的技术转移与商业服务网络。

欧盟创新驿站的本质特点是什么？多数人说是网络化服务，也有说是以需求为导向，还有说是以中小企业为主要对象。就欧盟创新驿站本身来说，其最大特点确实是网络化服务，但在引进借鉴国外技术转移方式为我所用时，要善于从我国的国情出发，用我们自己的眼光去考量。从实践探索看，要把以需求为导向作为创新驿站的本质特点加以学习借鉴，而计算机网络只能依托，不能依赖。

长期以来，我国一直提"科技成果转化"，其着眼点是将大学、科研院所形成的科技成果向企业进行让渡，即"成果—企业"，也就是科技成果从供方向受方移动。然而大学、研究所的很多科技成果是论文或实验室成品，距离进入市场还有很长的路程，产业化环节多，投入成本高、实施风险大，导致"成果转化"这种供给导向型技术转移方式效率较低。实践给了我们新启示：技术转移不是只有"成果转化"这一种供给导向型方式，以需求为导向实施技术转移，可能会有更高的效率。创新驿站在技术转移路径上，变"成果—企业"为"企业需求—解决方案"，它的本质是根据企业需求，亦即市场需求，将大学、科研院所的"科技能力"更有效地转化为现实生产力，这种需求导向型技术转移方式，更好地体现了以企业为主体，以市场为导向的技术创新的要求，因而创新驿站建设是实施技术转移方式的重要创新和补充。相信"需求导向"和"供给导向"这两种方式并存发展，相辅相成，共同发挥作用，就能有力促进技术转移体系建设。

## 2. 能否把握技术市场的基本特点

建设创新驿站是为了更好地推进技术转移和技

术交易，因此它仍然处在技术市场范畴内。从当年各地成立技术交易所以来，各级政府及领导都是参照证券、房产，甚至菜场等市场来看待和期望技术市场的，但技术市场少有人气、没有波澜起伏的交易量，甚至不为公众所知晓，这使很多领导失望。而我们还是从创新驿站建设实践中，看到了技术市场存在着不同于一般市场规则的反规则。

第一，一般市场都是大众市场，而技术市场则是小众市场。证券市场提供的产品是股票，房产市场提供的产品是楼盘，技术市场买卖的产品是技术，但是技术与其他产品完全不同，它具有这类产品的独特性。首先，它往往不是最终产品，而是中间产品。买了鞋子、房子就能用，而买了高密度循环养鱼技术，则是为了要生产出高质量、高产量的鱼，鱼才是最终产品，大众不会关心用什么方式来养鱼。其次，每个技术都具有单个性。每双鞋子都能穿，每套房子都能住，只是式样、尺寸不同。但可供买卖的技术则有机电、IT、生物医药、新材料等不同类别，每一类又可分为很多小类，众多的技术很少有相同的，购买者很难有什么参照物，这样的交易，一般的投资者都会茫然无措，望而却步。再次，技术这一产品独特性的存在，导致其买卖方式也具有独特性。它不能柜台交易，也不能连续交易，通常是一对一的单个交易。不少技术交易即使形成后，也不进场登记认定，而成为场外交易。所以在各技术市场上，都看不到证券市场和房产市场那样人头攒动的景象。技术市场的主要特点就是一对一的单个交易，然而小众市场不等于市场小，市场的竞争性使企业技术创新的要求日趋强盛，目前技术转移的薄弱正预示着其有巨大的发展空间，关键是只有看清技术市场的特点，才能找到恰当的技术转移方式，而创新驿站为企业技术创新提供个性化解决方案，就是一种较好的技术转移方式。

第二，其他产品交易可通过计算机网络实现，技术交易则不可能在网上完成。近些年，我国一些科技服务机构看到互联网对信息迅速集散起到巨大作用，希望通过互联网把技术供需双方信息在网络平台上加以汇集、配对，轻松、快捷地形成技术交易，但是基本都未成功，其原因除了技术市场提供的只是中间产品而非最终产品外，还存在技术市场上需求短缺的问题。不是中小企业没有技术创新需求，而是他们不愿把真实需求放到网上公开。在欧盟创新驿站网络中，相当一部分技术转移是靠计算机网络实施的，因为经过400年的历练，欧洲已是成熟的市场经济，这种经济形态是建立在总体讲求诚信的基础上的。在诚信的环境中，中小企业愿意通过计算机网络发布需求信息，不会担心自己的技术和商业秘密被泄漏、盗用。诚信体系的确立，是通过互联网获取真实有效需求信息的基本和必要条件。我国建设社会主义市场经济体制仅20多年，是新兴的市场经济，诚信体系缺失是普遍的问题。企业所要解决的技术创新难题，往往是关乎其发展壮大的核心秘密，要他们在诚信体系尚未建立的环境下，运用公开的互联网发布自己的核心秘密基本是不可能的，这是导致难以通过互联网促成技术转移和技术交易的症结所在。所以，上海技术交易所开展创新驿站建设的做法是线上信息和线下操作相结合，以线下操作为主，依靠专业技术人员走向企业，挖掘出真实有效的技术创新需求，促成技术转移和技术交易。

第三，其他市场的经纪人大有可为，技术市场的经纪人则难有作为。中国的房产经纪人已从摆地摊阶段发展成了较大的专业队伍，但是10多年过去了，技术经纪人至今难有作为和地位，原因何在？上海技术交易所曾多次有意识地发挥上海现有社会经纪人的作用，然而结果是收效甚微。在和企业交流沟通中，我们明白了，技术经纪人是公司经营行为，收取佣金是其基本特征。作为中介人，理当要赚买卖方的钱，但对此做法，目前中国的中小企业难以接受。更重要的是，作为新兴市场，中介的负面影响较大，信誉度较低，中小企业在没有真正认识技术经纪人的信誉之前，怎会冒巨大风险，把关乎其生存发展的短板要害和核心秘密交给经纪人打理呢？

但是，上海技术交易所在和区县科委共建创新驿站时，一直把建立技术经纪人队伍作为一项重要工作来抓，在走访中小企业，开展科技服务中，这些技术经纪人也发挥了积极作用。之前我们说技术经纪人难以发挥作用，而不是说不能发挥作用。实践告诉我们，技术转移和技术交易的艰难性，使技术经纪人的生存、发展对环境的依赖性极强。创新驿站框架下的技术经纪人能够发挥作用，是因为他们是以较强的公益性服务特点出现在企业面前，其身后有政府和政府类机构的支撑。因此，目前的中国技术市场，技术经纪人只有在创新驿站及其类似制度安排的框架下，才能生存发展。

## 3. 能否恰当地组织协调现有的科技服务机构参与创新驿站建设

当前在中国开展创新驿站建设不是在一张白纸上画画。实施科技体制改革 25 年来，除技术交易机构外，由政府主导还先后成立过科技交流中心、创业中心、生产力促进中心、火炬中心、成果转化中心等机构，全国技术交易促进机构有 2 万多个。如何有效整合这些资源，发挥他们的积极作用是个很大的挑战。因此，在组织开展创新驿站建设时，无论是顶层或中层设计，都应坚持既继承历史，又勇于创新的原则，对工作定位和机构调整作出慎重决策。

从上海技术交易所的实践体会看，应注意以下几方面的问题：

一是可根据资源选择方式。技术转移已有多种模式，如科技成果转化、产学研结合以及创新驿站等。各地政府应指导科技服务机构根据实际情况选择合适的技术转移模式，切忌盲目跟风。大学、科研院所是科学知识的主要生产地，手上有许多科技成果，他们运用科技成果转化的技术转移方式是顺理成章的。而独立的科技服务机构，就应实施转型，投入创新驿站建设中，面向中小企业，以需求为导向，为企业技术创新提供服务。

二是需根据国情作布局。创新驿站的特点之一是网络化服务，欧盟创新驿站确定分支机构的设立，主要是依据各国、各地区人口规模。我国推广创新驿站建设则主要应根据科技实力布局。我国幅员辽阔，各地经济发展不均衡，科技资源拥有度差别大。可按照现代服务业建设规律，以科技实力雄厚的中心城市对周围城市和区域进行辐射。要改变行政推进、上下一致，各省设点的做法，以避免出现有的资源放空、有的难有作为的情况。

三是应根据机构定任务。目前科技服务机构有经营性的，也有公益性的。如前所述，现在参与创新驿站建设的只能是政府主导的公益性机构，经营性机构只有获得政府的实际支持，才能在创新驿站建设中有所作为。技术市场的复杂性和独特性决定了目前中国主要还要依靠公益性机构开展科技服务，并且要通过非营利性机构来带动经营性机构，推进技术市场的发展，这一点在欧洲实践中也得到了证实。

创新驿站是技术转移的新模式，创新驿站建设是项系统工程，只要正视并遵循技术转移的客观规律，恰当地将国外先进的技术转移方式加以本土化，我们自己又坚持努力探索和实践，加上政府不断改善技术转移的条件和环境，创新驿站在中国就能够行得通，它将对促进中小企业技术创新，培育明天更多的大企业做出积极贡献。

此文曾刊登于科技部主管、中国科学技术信息研究所主办的《中国科技成果》杂志 2009 年第 23 期。

# 稳步迈进中的上海创新驿站建设

　　中国的创新驿站建设于 2009 年 3 月正式起步。上海技术交易所 2007 年初就已开始着手创新驿站建设，至今已经历了学习研究、试点探索和全面推进 3 个阶段。目前上海技术交易所牵头，与上海市的 8 个区科委，兄弟省市的 7 个市、县科技局共建起 15 个创新驿站分支机构，上海创新驿站网络雏形初现，各项技术转移工作已取得了积极的进展。

# 1. 上海创新驿站建设在稳步迈进

## （1）开展创新驿站建设是勇者作出的冷静选择

上海技术交易所（以下简称"技交所"）成立已有 15 年，在数字鸿沟凸显，技术供需信息严重不对称的年代，技交所率先建立了基于计算机网络的技术交易信息平台，开始了这一平台最初阶段的"信息集散"服务。为深化服务，技交所又开展了延伸交易，举办了一系列技术交易推广会等，积极把大学、科研院所的科技成果推介给企业，使自身工作推进到"信息集散＋供给导向"阶段。多年努力之后，发现效果并不理想。新的技术转移、技术交易之路该怎么走？看到问题需要勇气，否定以往更需要勇气，但正是在否定之否定中，才能获得发展。

在上海市科委领导带领下，技交所在对比研究了世界上各种技术转移方式后，看中了欧盟创新驿站，选中的原因就是它的做法在基础、条件上与中国、上海十分相似，而其以中小企业创新需求为导向的理念，以务实的个性化服务方法，恰恰能弥补我们的不足。至此，技交所开始走上"信息集散＋需求导向＋专业服务"的发展阶段。

### （2）为中小企业技术创新提供了实实在在的服务

实施上海创新驿站建设，技交所构建了技术转移服务体系框架，设定了服务流程，制定了信息规范，编制了操作手册。更重要的是与驿站分支机构的人员共同走访中小企业，挖掘了一大批技术创新需求。技交所人员返身走向大学、科研院所，以及知识产权、科技评估、投融资等服务机构，联合为中小企业技术创新提供服务，由此促成了一批需求对接。

2007 年技交所（市驿站）联动青浦区驿站走访了 126 家企业，挖掘创新需求 87 项，完成创新需求对接 13 项。2008 年当年市驿站与青浦区、奉贤区等驿站，共走访企业 314 家，挖掘技术创新需求 1 002 项，促成需求对接 322 项。2009 年 1—6 月，整个上海创新驿站累计走访企业 807 家（次），挖掘企业技术需求 689 项，完成项目对接 354 项。促成对接的范围包括技术开发、技术转让、技术咨询、技术服务，还包括投融资和提供综合解决方案等。

在促成对接的项目中，有帮助某太阳能公司开发高效电池板的技术开发项目；为草莓公司提供的产业发展规划；为电烙铁公司组织二次开发；为茭白公司发展协调 6 家研发机构和企业共同提供的技术难题综合解决方案；帮助 OEM 企业发掘自身知识产权；帮助其成为高新技术企业并根据需求为该企业完成了专利交易。据 2008 年统计，技交所完成的对接服务中，技术开发占 27.03%、技术转让占 5.40%、技术咨询占 34.59%、技术服务占 21.62%、其他服务占 11.35%。

### （3）自身服务能力在实践中不断增强

实施技术转移的艰难程度，业内人士人皆尽知。2007 年上海创新驿站建设起步之年，只促成对接 13 项，可见技术创新服务难度之大。但是，技交所善总结，巧改进，在游泳中学会了游泳。实践是最好的导师，它帮助技交所员工提高了 5 种能力：一是公关和协调能力。尽管技交所年轻员工多，但经过实践锻炼，他们的公关与协调能力明显提高。面对企业高管，他们从容交流；面对技术转移的复杂性，他们应对波折、化解矛盾的能力不断提高。技交所牵头某科研所为一企业开发新能源技术，技术指标确定后，在知识产权上有不同要求，经技交所协商，双方取得了一致意见，然而在研发启动条件上又遇新问题……历经 8 个月，10 来次的沟通协调，双方终于签订合作开发合同。二是诊断能力。上海一企业长期做"贴牌加工"，技交所通过与其交流及现场考察，建议其从长计议，形成自己的专利，并帮助其把一现成技术申请专利并获得成功，该企业又连续申报了 6 项专利，据此成为高新技术企业。技交所人员"门诊医生"的角色得到了认可。三是业务合作法律合同严谨的撰写能力。了解需求，促成对接，帮助谈判，最后都要形成法律合同。两年多来，技交所人员帮助科研所、企业起草过各种合同、商业计划书、立项申报书、产业发展规划等，很受客户称赞。四是组织能力。上海创新驿站由当初的一个分支机构，发展到今天的

15个驿站成员，上海技术交易所还牵头组建了由驻上海的首批国家技术转移示范机构组成的上海技术转移服务联盟，联合了一批技术评估、知识产权和金融投资等专业服务机构，现已形成了较完整的服务网络，技交所不再是单兵作战。为推进集团式服务，技交所注重联动工作，适时总结工作，交流经验，提出努力方向，制定保障措施，推动了合作联动向纵深发展。五是概括能力。遵循"实践—认识—实践"的原理，两年多来，在上海创新驿站建设中，注重边实践，边总结，边提炼，边概括，努力使自己的行为日益贴近客观规律。根据自身背靠政府、面向市场的定位，按照市场营销原理，确定了"细分市场，两端推进"的方针。在开展创新驿站建设一年多后，总结概括出上海创新驿站的服务模式，即依托计算机网络平台，形成上海技术交易所与区县、科技园区以及相关科研机构相连接的技术创新工作网络，汇集企业技术创新需求，以能力点为支撑，通过个性化服务，放大为企业创新提供公共服务能级，并将其称之为 SIRC（上海创新驿站）模式。随着对欧盟创新驿站（Innovation Relay Center，IRC）讨论的增多，以及我们自己实践的不断深入，我们将技交所基本工作方法加以进一步完善，形成了"四结合四为主"做法，即线上信息和线下操作结合，以线下操作为主；供给导向和需求导向结合，以需求导向为主；服务大企业和服务小企业结合，以服务中小企业为主；国内国际技术转移结合，以取得实效为主。我们在实践中注重提炼归纳，用理论概括进一步引导实践，初步形成了具有"技交所"特点的上海创新驿站建设的方法论。运用这些方法，上海创新驿站集聚社会科技服务资源服务中小企业，促进了产学研结合，是贯彻党中央关于"要加快建立以企业为主体、市场为导向、产学研相结合的技术创新体系，引导和支持创新要素向企业集聚，促进科技成果向现实生产力转化"要求的较好体现。

## 2. 上海建设创新驿站有着良好的条件环境支撑

上海是个特大型城市，又有国企集中且强大的特点，能够探索并开展创新驿站建设，源于对深化技术转移，推进技术市场发展的深刻思考，以及在此基础上的制度安排，加上技交所人员坚定的执行力和积极的改革创新及执着精神。

### （1）对推进技术转移的深刻认识是根本

上海的技术市场与全国技术市场一起走过了 10 多年历程，从事技术转移和技术交易的机构，从当初只有上海技术交易所等 1—2 家机构，发展到现在已形成四路大军：科技行政管理部门下属的技术转移服务机构、其他政府类所属技术转移机构、大学技术转移机构，以及社会经营性技术转移机构。加入技术市场的科技服务机构数量快速增加，甚至超过了技术市场本身的发展速度。面对日趋明显的同构化现象，上海技术交易所应该往哪里走？上海市科技管理部门领导认为，科技体制改革的目标没有变，建立创新体系，促进科技与经济的结合仍然是发展方向。应该有所变化的是科研工作的出发点和落脚点更应注重应用性，技术转移、技术交易都应围绕这一基本要求展开。而且明确提出上海技术交易所要从信息服务为主，转向专业化服务为主；从服务于供方为主，转向服务于需方为主，要变泛为专，变虚为实。在深入研究欧盟创新驿站的基础上，2007 年经过近一年的研讨，上海技术交易所重新定位，开始了在技术转移和技术交易领域里的转型，其指向就是建设上海创新驿站。

## （2）构建良好的技术转移体制是基础

2006 年上海市科委在组织制定《上海中长期科学和技术发展规划纲要（2006—2020 年）》时，就提出"促进技术转移与扩散，发挥上海技术交易所的作用，建立和完善区域性技术转移网络"，"形成技术转移通畅的科技创新创业新局面"。为落实上海中长期科技发展规划，上海市科委又制定了《科技创新行动计划 V2.1》，该计划要求："2009 年，上海技术市场体系基本建成，建立'19+1+2'（19 个区县、技交所、张江、漕河泾）技术交易分支机构"。确定了上海技术交易所在创新体系建设中的任务和方式，勾画了建设创新驿站的网络框架，同时，从体制上明确了上海技术交易所与各区县、园区驿站的责任、义务关系。充分体现出以政府为主导，以公益性机构为主体，以市场需求为导向，各社会科技服务机构共同参与的技术转移体系建设的制度性安排特点。

### （3）摸索形成恰当的运行机制是保障

为推进上海创新驿站建设，"技交所"在内部从3方面着手健全运行机制。一是调整结构，合理配置内部资源。"技交所"撤销了原有的11个部门，重新按定位要求设置7个部门，业务部门由9个减至5个。同时，中层干部竞争上岗，员工双向选择岗位，保证了力量的集中使用，以及人才作用的最大限度发挥。二是采取措施，大力推动创新驿站建设。技交所成立了专门的组织协调小组，抽调技术人员加大走访中小企业的力度，调集各种物资设备提供保障，制订激励办法鼓励业务人员走向企业，成立专业技术指导小组，统一制定信息采集、筛选、录入标准和办法，加强了领导和组织实施。三是完善规章，以制度保运行。"技交所"先后制定了"3章3表1书"制度，即《上海技术交易所2008年绩效考核暂行办法》《上海技术交易所"创新驿站"工程建设目标管理考核办法（试行）》，以及旨在促进各部门加强协作的《工作协调，利益共享办法》。"3表"为《上海技术交易所"创新驿站"工程建设任务分配表》《项目对接统计表》《项目完成情况统计表》，以及《年度部门任务书》。大大促进了员工为上海创新驿站建设不用扬鞭自奋蹄的主动精神。

在外部，技交所也总结概括出推动区县、园区驿站建设的运行机制。一是确定了建立和运作区县、园区驿站的"四个一"要求，即必须有一个实体机构进行操作，要建立一支能长久工作的队伍

（如技术经纪人等），要有一个计算机信息平台，要建立一套激励本地创新驿站运作的良好机制。上海市青浦区、奉贤区等驿站达到了这"四个一"要求，他们服务中小企业的成效就更明显。二是市驿站和区县、园区驿站之间，既有相对分工，又注重合作联动。对刚建立的区县、园区驿站，市区两级驿站联合走访企业，挖掘企业技术创新需求，共同开展服务。已掌握创新驿站工作方法的区县驿站，要抓好普遍性的技术转移服务，市驿站则配合区县驿站重点做好难度较大的技术难题攻关和技术转让服务，以及区县、园区驿站提出的其他服务。三是开展绩效评估，不断改进完善驿站管理。"技交所"2009 年年初对青浦驿站试行了 2008 年服务绩效评估。在此基础上结合上海市科委有关要求，制定了区县驿站的绩效评估办法，明确了评估内容、基本标准和程序，2010 年初将对各区县、园区驿站进行绩效评估，推动整个上海创新驿站在努力完成服务数量目标的同时，更加注重提高服务质量，为帮助更多的中小企业提高创新能力作出积极努力。

此文曾刊登于科技部主管、中国科学技术信息研究所主办的《中国科技成果》杂志 2009 年第 24 期。

# 接续探索，砥砺前行

今年是新中国成立 70 周年，我国技术市场建设也有 30 多年，其中有 8 年主要投入开展创新驿站建设试点，占了近 1/4 时间。笔者曾判断我国的创新驿站之路可以走通，但最后并未走通。格言道："成功者的经验在于用挫折铸成剑，刺向未来道路上的重重障碍。"科技成果转化乃至技术转移的艰难性已不言而喻，技术市场仍待破冰前行。为给后续奋斗者提供攀登的梯子，在纪念火炬中心成立 30 周年之际，笔者从能够看得见的范围，谨对我国创新驿站建设的得失作一探究。

# 一、创新驿站建设是我国技术转移的一次重要探索

## 1. 创新驿站建设是学习国外技术转移方式的开端

我国 20 世纪 80 年代中期开放技术市场以来，一直要求抓好科技成果转化。1993 年国内第一个技术交易所——上海技术交易所成立时的初衷就是要促进科技成果转化。然而 10 多年过去后，依然没有看到促进科技成果转化的成效。科技部火炬中心领导、上海市科委和上海技交所领导便总结经验教训，开始研究国外技术转移做法。在将几种主要国外知名的技术转移方式进行比较后，欧盟创新驿站（IRC）模式引起他们的关注。此模式由欧盟这个相当于政府的机构统一组织，运用拨款方式支持欧洲各国创新

驿站站点，通过互联网收集企业需求，汇集大学、科研所专家和各种资源，帮助中小企业实现技术创新。根据此模式在技术转移实施的基础、条件等方面与我国情况相似的特点，上海市科委分管领导决心带领处在茫然中的上海技交所闯一闯，试一试。而正是在开展创新驿站建设试验后，欧美的各种技术转移模式纷纷被各地引进模仿，学习国外技术转移方式如同改革开放之初学习西方资本、土地运作一样火热起来，推动了我国技术转移的发展。

## 2. 创新驿站建设是一次大规模公益性技术转移试验

上海技术交易所从 2007 年初开始率先建设上海创新驿站，经过调查研究、试点探索后，2007 年 8 月进入全面推进阶段。2009 年 3 月，科技部火炬中心制定了中国创新驿站建设试点方案，随后中国创新驿站建设在全国逐步推开。至 2014 年底，全国27 个省市共建立了中国创新驿站网络覆盖下的 92个基层站点。至 2014 年底，上海技术交易所承建的上海创新驿站共与本市区县、兄弟省市地区合作建立创新驿站分站点 33 个（本市 11 个，兄弟省市 22个）。2007 年至 2014 年，上海技术交易所人员共走访企业 2 593 家，挖掘企业技术创新需求 5 781 个，促成各类需求对接 1 030 项，其中上海技术交易所作为中介方参与签订的技术交易合同 122 个，即8 年平均每年促成项目成交 15 个，即使放在今天，在众多的技术转移机构中，这也是名列前茅的。

### 3. 创新驿站建设努力构建系统化的技术转移体系

中国创新驿站模式的主要特点是以中小企业为主要服务对象，以需求为导向实施技术转移，以网络化方式实现协同创新，以公益性服务为主促进技术创新。驿站建设开始前做了大量准备工作。制定了总体方案，拟出了各模块实施计划，建立了专业平台、统一了各项规范，组织了多批培训，并建立了一套运行管理机制。各地科技服务机构积极参与，各地区相互交流学习，努力开展协同创新，一度出现了活跃的技术转移热潮。

## 二、对创新驿站建设得失之反思

调研表明企业有强烈的服务需求，整个组织方案也较完善，中国创新驿站建设为什么却走不下去呢？未走通是否就没有值得借鉴汲取的东西？

### 1. 创新驿站建设留下了看得见的遗产

首先是宣传推广了技术转移的理念。以前很多地方知道要搞"科技成果转化"，但从不知"技术转移"概念，中国创新驿站建设是一次很好的技术转移宣介推广。其次锤炼了一批技术转移机构。开展创新驿站建设催生了不少国家技术转移机构，也使很多技术转移机构在创新驿站建设实践中提升了能力。第三，积极推动了国际技术转移。2011年至2012年期间，上海技术交易所及天津北方技术市场等5个地方机构先后加入了欧盟企业创新网络（EEN，即原欧盟创新驿站），成为其域外网络成员，除无经费外，其网络中的所有科技、专家、企业等资源都可使用。上海技术交易所运用该网络，帮助企业引进了20多项国外先进技术。各地创新驿站积极开展国际技术转移，也为以后开展的"一带一路"技术转移创造了条件。第四，帮助一批中小企业实现了技术创新。各地创新驿站人员深入企业，通过当面沟通，挖掘出技术创新真实需求，并且按照需求引入科技等各种资源，有针对性地解决了许多问题，受到企业欢迎。

## 2. 创新驿站之路未走通是因为遇到三大瓶颈

一是缺乏必要的生态环境。当经济形势较好时，企业对技术创新形成增长动力的要求并不迫切，各地领导也习惯抓大企业、大项目，对中小企业并非很重视。创新驿站是以中小企业为主要服务对象，即使完成了对接，促成了技术交易，也难有大的影响，故难以引起重视。2015 年《促进科技成果转化法》修订发布后，又出台了《实施〈促进科技成果转化法〉若干规定》，以及《促进科技成果转移转化行动方案》。此后，各部委、各地方纷纷出台了一大批促进科技成果转化和技术转移的政策。2017 年 9 月国家质监总局和国家标准化管委会发布了《技术转移服务规范》，同年同月经中央全面深化改革领导小组审议通过，国务院印发了《国家技术转移体系建设方案》。如此密集的政策出台，给人一种技术转移从温暖春天进入火热夏天的欢欣。然而反观创新驿站建设时期，深感"不就是缺这些政策吗"。上海创新驿站第一个基层站点——青浦驿站的组织者，当地科技部门早在2010年9月就大胆创新，出台了《青浦区技术经纪和技术交易资助办法（试行）》，可惜独木难支，几年后，因无上位法支撑被迫取消。如今长沙、苏州等地纷纷推出相关鼓励政策，自然是水到渠成。笔者曾根据切身体会指出，当前阶段技术转移、科技中介的发展对环境具有很强的依赖性。缺少了必要的环境，要突破、发展是非常困难的。

二是缺乏必要的人才队伍。这是创新驿站之路未走通的最主要原因。在学习欧盟经验，设计在中国大地上开展创新驿站建设方案时，组织者把各种能想到的情况、问题都想到了，包括对人才的培训，然而在实施过程中，技术转移对人才综合性、专业性、大批量的极高要求，还是超出所有人对现实需要什么样的技术转移人才的认知能力。创新驿站以需求为导向的原则，首先要求服务人员上门挖掘需求，但除了北京、上海等地少数几人，大多数人不懂技术，不懂企业，不懂企业家，看不出企业的技术创新需求是什么，也分不清是否真有创新需求。识别机制失灵，使得企业技术创新需求难以挖掘出来。没有需求，即使有快捷通达的互联网，也少有有价值的需求信息传递，于是传导机制也失灵。一些服务人员拿到企业需求，去与大学、科研所沟通时，面对提供的科研成果无所适从，不知其新颖性如何，不知其成熟度如何，不知其与企业需求的相关度如何，于是匹配机制失灵。有的前几步都做好了，但当买卖双方深入交流谈判时，面对交易价格、知识产权、合作方式等各种矛盾时，服务人员往往手足无措，协调机制又失灵，以致对接失败。但是这些还是最基础的工作，随之而来的是面对合作项目，怎么投融资，以什么样的方式生产经营科技成果带来的新产品，如何持续不断创新等一系列问题都需要技术经纪人对往往只擅长研发或经营的买卖双方进行协调、黏合，然而很多服务人员对此一窍不通。生态链里的基石物种连接起整个链上的共生物种及运行，并决定其存亡。技术经纪人也是技术转移这个服务链上的基石人物，他的存在也关乎技术转移能否顺利进行，可惜这样的基石人物太少了，而且并不是靠一两次培训就能产生的。中国创新驿站网络覆盖面很大，但普遍缺乏这样的基石人物，以致总体运行机制失灵，必然难以运转下去。即使在环境极大优化的今天，人才匮乏的问题也常常引发感慨。我们应该下决心大力培养基石人物，补上这个技术转移上的大短板。

三是缺乏必要的机制保障。创新驿站属公益性为主的技术转移，需要政府对实施机构给予资助。虽然在申报加入中国创新驿站时，各地管理部门承诺给予经费支持，但在实施中，基本都未给承担机构新增专项经费支持。欧盟创新驿站组织虽然由IRC调整为EEN，但24年来一直通过拨款支持各驿站为中小企业开展技术转移服务，从而能够延续至今。中国结合实际开展创新驿站建设，要求承担机构人员经常走访中小企业，紧密联系高校、科研所及投融资等各类服务机构，因此要耗费大量的人力、物力和财力，大多数承担单位原有经费尚需维持其他日常工作，没有新增资源保障，何来动力，又怎能长久？

### 3. 对技术转移举一反三的思考

创新驿站未走通，其他国外技术转移模式能走通吗？目前也没有看到成功的范例，为什么？笔者认为这要进一步透过现象看本质，从整个技术转移，甚至更大的技术市场范畴来观察问题。首先，我们忽视了对国外技术转移模式形成、运用的基础和背景的认识。欧美的治理理念和经济运行规则与我国有很大差别，他们一般不直接给企业资助，而是通过给创新驿站这样的服务机构资助来帮助中小企业创新。而我国通常是管理部门以立项方式，给予企业较大力度的支持，企业能够较方便地拿到无偿资助，又何必要自己拿出资金来合作进行研发？背景不同导致举措不同，企业和科技中介机构的创新动力和服务动力也就不同。

其次，技术市场本身的复杂性使其成为最不易看清的市场。因为技术可以成为商品进行买卖，所以有了技术市场。然而这个市场只是个技术从研发到交易、应用的交换关系总和的广义市场，而没有交易场所的狭义市场，所以它不同于其他广义、狭义市场同时具备的商品市场，它是个"残缺"的市场，如果简单按其他市场运作方法做，肯定无效。同时技术市场还是个隐匿性市场。股票、房产等市场交易的都是看得见的最终产品，而技术是作为为了生产最终产品的过程性产品而进行交易的，交易标的、交易价格、交易过程通常都不会事先公开，以避免风险。如果按照其他市场规则设计技术市场，势必失效。技术市场还是个非市场化市场。事实表明，技术交易的价格并不能对科技成果的应用，以及各种科技资源的配置起到明显作用。而且表达技术市场交易量的技术交易额，是由主要属于行政工作的技术合同认定登记统计出的数量。上述这些都说明，技术市场是个反规则的市场，而这归根到底是由技术这个特殊商品的性质所决定的。无论何时，运用何种模式开展技术转移，管理者和从业者都应重视这些经过 30 多年摸索才看到的特点。

再次，现阶段的技术转移更需要高尚的创新文化。需求导向技术转移，乃至各种形式的技术转移所产生的地区规模经济效益，一般都难以在管理者有限的任期内看到，这就更需要从业者和管理者树立"功成不必在我，功成必定有我"的精神境界，据此才能重视并持久地支持技术转移。

## 三、创新驿站建设留给我们的宝贵启示

### 1. 实施需求导向技术转移仍是加快技术创新的重要路径

创新驿站虽然没有走通，但它开创的以需求为导向实施技术转移的方式却值得继承发扬。这种从"企业需求—科技研发"的做法，与"科技成果—企

业运用"完全不同，但两者并不矛盾，而且可以相互补充。我国企业有上百万，各种技术创新需求层出不穷，现有大学、科研所的适用科技成果根本满足不了企业需求。目前很多地方实际就是以需求导向的思路实施技术转移，并且取得了很好效果。成果转化也概括不了"引进来""走出去"实施国际技术转移的行为。要转变把"成果转化"看作是"只能做这个"和"只能这样做"的片面思维。只有把成果转化这种供给导向技术转移和需求导向技术转移，以及跨国跨境技术转移放在整个技术转移的总思路下思考，既抓"成果转化"，又抓"需求解决"，才能"顶天立地"全方位推进我国技术创新。

**2. 加大在实践环节上的投入方能培养更多的技术转移人才**

30 多年的历程证明，只有在实践中才能培养出优秀的技术转移人才，因此，培养技术转移人才除了要抓基本培训外，更要把眼光放到实践环节上。要创造有利环境和条件，让技术经纪人等技术转移人员放心、持久地投入技术转移的实际工作，特别是具体供需对接项目中，努力从众多的技术转移机构中培育出最稀缺的"基石组织"，从广大技术转移人员培育出最匮乏的"基石人物"。

### 3. 只有遵循技术市场规律才能少走弯路

"技术的无形性决定了其转移交易的隐匿性"，"技术的独有性决定其必定是信息不对称交易"，以及"技术的独创性决定其价值的虚拟性"这三条规律，正是在中国创新驿站建设实践中总结出的技术市场基本规律。规律只能遵循、适应，不能违背、改变。只有遵循规律才能改变种种无用功现象，提高技术转移效率。在当前实践中，尤其要关注和把握好三个关系：一是平台化和项目化的关系。平台是指只发布各种信息，筹划各种活动，而不做具体项目对接的组织。目前不少地方仍在热衷于搭建这种平台，这对促进企业技术创新作用并不大。上海技术交易所正是经过创新驿站建设，才成功将原来难有作为的信息平台转型为"资源平台＋对接项目"的技术转移机构，真正发挥出科技中介作用。只有轻平台、重项目，把对接促成了多少企业吸收大学、科研所研发的技术成果项目作为衡量技术转移的成效，才能促使包括平台在内的各种技术转移机构投身于最需要，也是最艰难的项目对接。二是市场化和公益性关系。一些管理者参照一般商品市场化的做法，鼓励民营企业建设技术转移平台，有的还用民营企业或股份制企业改造已有的公益性质平台，几年下来并未收到成效。多年实践表明，平台对促进技术转移的作用很有限，有一些地区性平台已足够。既然搭平台相较于做项目已显次要，那么搭建民营性还是股份制平台更是无关紧要。在目前政府推动，企业参与的技术转移总格局下，多年沉淀下来的公益性服务平台还是能够并将继续发挥应有作用。三是推动实践和注重研究的关系。在不断优化的技术转移大环境下，各种技术转移的尝试层出不穷。但是很多做法只是一轮轮新入行人员在新瓶装旧酒式地重复曾经尝试过，但又意义不大的操作。另一方面，一些重要问题却一直没有清晰的解答。成果转化和技术转移的关系及其如何运用，技术经纪人和技术经理人有何异同，技术转移及技术市场还有哪些基本规律，怎样才能真正有效提高技术转移效率，等等，这些都有待于深入研究，以便统一认识，消除误解，少走弯路。正确的理论才能引导正确的实践，技术转移和技术市场的深入发展，需要必需的理论研究。

此文曾刊登于上海"科技成果转移转化服务平台"网页。

**图书在版编目(CIP)数据**

论技术转移/夏东平著. —上海:上海三联书店,
2024.4
ISBN 978-7-5426-8478-3

Ⅰ.①论… Ⅱ.①夏… Ⅲ.①科技成果-成果转化-
研究-中国 Ⅳ.①F124.3

中国国家版本馆 CIP 数据核字(2024)第 083978 号

# 论技术转移

著 者 / 夏东平

责任编辑 / 殷亚平
装帧设计 / 徐 徐
监 制 / 姚 军
责任校对 / 王凌霄

出版发行 / 上海三联书店
　　　　　(200041)中国上海市静安区威海路 755 号 30 楼
邮 箱 / sdxsanlian@sina.com
联系电话 / 编辑部: 021-22895517
　　　　　发行部: 021-22895559
印 刷 / 上海惠敦印务科技有限公司

版 次 / 2024 年 4 月第 1 版
印 次 / 2024 年 4 月第 1 次印刷
开 本 / 787 mm×1092 mm 1/32
字 数 / 60 千字
印 张 / 5.5
书 号 / ISBN 978-7-5426-8478-3/F·914
定 价 / 45.00 元

敬启读者,如发现本书有印装质量问题,请与印刷厂联系 021-63779028